MICHAEL EHLERS

HERZLICH WILLKOMMEN
IM DATENGEFÄNGNIS

Wie wir zukünftig leben, lieben
und einkaufen werden

PLASSEN
VERLAG

Copyright der deutschen Ausgabe 2016:
© Börsenmedien AG, Kulmbach

Covergestaltung: Holger Schiffelholz
Gestaltung und Satz: Bernd Sabat, VBS-Verlagsservice
Herstellung: Daniela Freitag
Redaktionelle Mitarbeit: André Held
Lektorat: Elke Sabat
Druck: CPI – Ebner & Spiegel, Ulm

ISBN 978-3-86470-355-3

Bibliografische Information der Deutschen Nationalbibliothek:
Die Deutsche Nationalbibliothek verzeichnet diese Publikation in der
Deutschen Nationalbibliografie; detaillierte bibliografische Daten
sind im Internet über ‹http://dnb.d-nb.de› abrufbar.

BÖRSEN MEDIEN
AKTIENGESELLSCHAFT

Postfach 1449 ▪ 95305 Kulmbach
Tel: +49 9221 9051-0 ▪ Fax: +49 9221 9051-4444
E-Mail: buecher@boersenmedien.de
www.boersenbuchverlag.de
www.facebook.com/boersenbuchverlag

Ich widme dieses Buch der

FREIHEIT,

dem größten Wert einer demokratischen,
humanistischen und menschenwürdigen Gesellschaft.

„Die ich rief, die Geister,
Werd' ich nun nicht los."

Der Zauberlehrling – JOHANN WOLFGANG VON GOETHE (1797)

INHALT

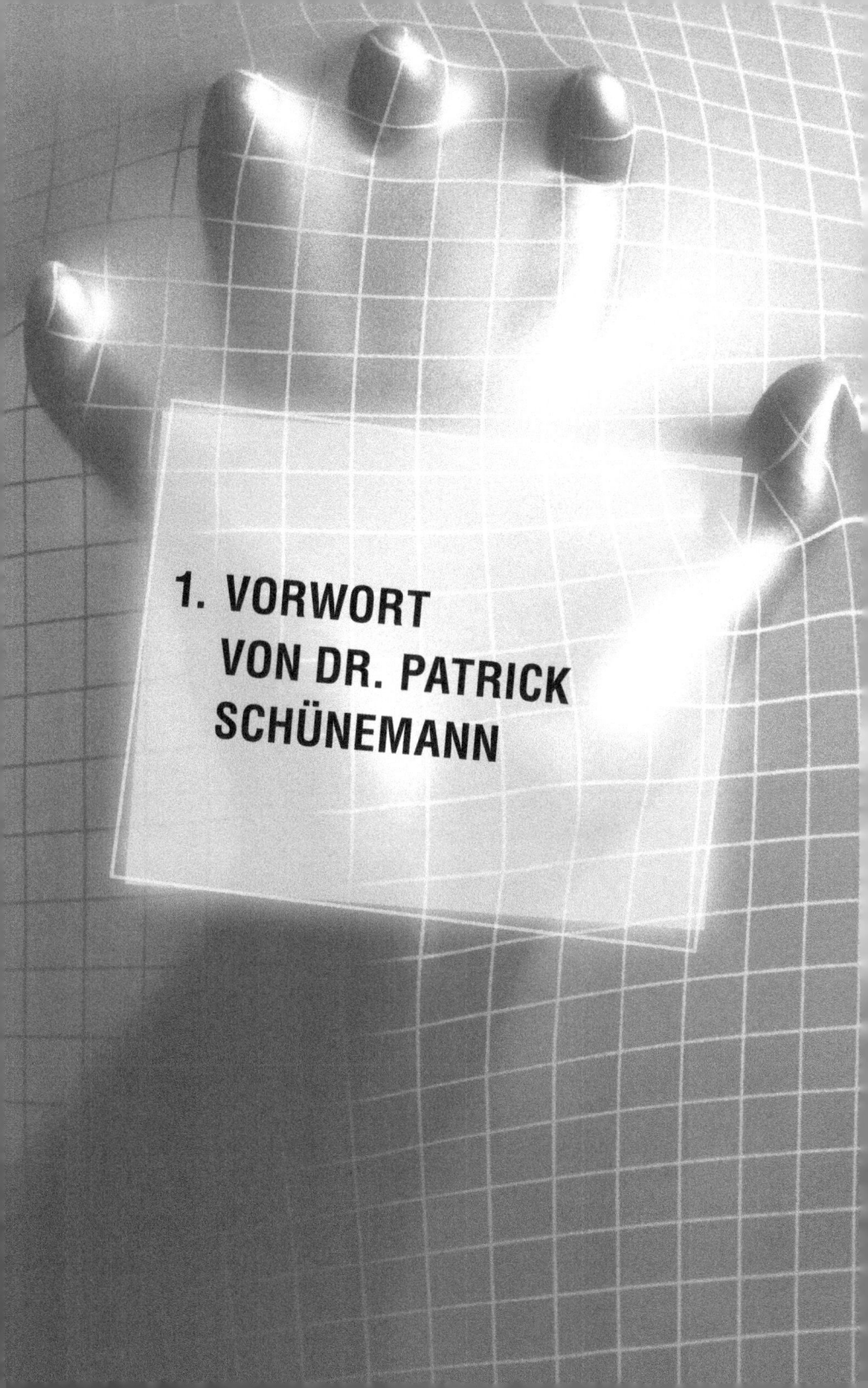

1. VORWORT VON DR. PATRICK SCHÜNEMANN

Wir befinden uns bereits im Datengefängnis. Von der Wiege bis zur Bahre – und darüber hinaus – werden wir elektronisch erfasst, verwaltet, analysiert und verfolgt. Es ist absolut unmöglich, aus diesem Datengefängnis auszubrechen. Selbst wenn wir rigoros auf Computer, Smartphones und Kundenkarten verzichten, werden wir über das Einwohnermelderegister, die Krankenkasse, die Steuern und unsere Bank erfasst und ausgewertet. Und selbst wenn wir untertauchen, unsere Identität löschen und als Waldschrat im Dschungel leben, können wir immer noch über eine Kamera, welche am Internet, an einer Drohne oder an einem Satelliten hängt, identifiziert und verfolgt werden. Technisch ist das absolut möglich.

Einerseits sind diese Daten eine dauernde Bedrohung für unsere Privatsphäre, aber gleichzeitig bieten sie auch einen immensen Nutzen und viel Bequemlichkeit. Die zugrunde liegenden Technologien und Konzepte sind komplex und abstrakt. Nicht nur Laien, sondern auch sehr viele Fachleute verstehen bestenfalls nur Teile davon. Umso wichtiger sind Bücher wie dieses, welche in verständlicher Sprache und mit Beispielen Wissen vermitteln. Wissen und Bildung sind die einzig wirksamen Werkzeuge, um sich in der rasant wachsenden Digitalisierung zurechtzufinden und informierte Entscheidungen zu treffen.

Schließlich erfordern die neuen Technologien und deren Anwendungen eine regelmäßige ethische Reflexion, denn gut und böse, positiv und negativ, nützlich und schädlich, schwarz und weiß lassen sich nicht immer eindeutig definieren. Tatsache ist, dass sämtliche Lebensbereiche digitalisiert werden. Aber ist es sinnvoll, sein Kind über eine App ständig lokalisieren zu können, um zu wissen, wo es sich aufhält? Der Autor Michael Ehlers würde es sogar chippen lassen. Meine Frau hat das mit unseren Katzen gemacht. Oder zählt die Privatsphäre des Kindes mehr? Oder die der Katzen? Wie wägen Sie ab? Denken Sie darüber nach!

Seit fast 20 Jahren arbeite ich als Architekt und Entwickler analytischer Systeme und modelliere Daten mit statistischen Methoden. Manchmal fühle ich mich wie ein Kind im Spielzeugladen, das neue Sachen haben und ausprobieren will. Manchmal denke ich aber auch: „Ups – das ist jetzt aber heikel ...“

Wir werden wohl nicht darum herumkommen, verbindliche Regeln und Kontrollen aufzubauen, um Missbräuche und Übertreibungen einzudämmen. Ich postuliere, dass der Datenschutz eine ähnliche Bedeutung bekommen wird wie die Regulierungsbehörden in der Finanzindustrie. Wir werden Auswüchse erleben und wir werden mit mehr Cybercrime und Cyberwar konfrontiert werden. Doch aufhalten lässt sich die Entwicklung nicht. Auf jeden Fall ist es aber äußerst faszinierend, sich mit den Möglichkeiten, Chancen, Gefahren und gesellschaftlichen Auswirkungen von Big und Smart Data, künstlicher Intelligenz, dem Internet der Dinge und weiteren interessanten Entwicklungen auseinanderzusetzen. In diesem Sinne wünsche ich Ihnen bei der Lektüre dieses Buches viele erhellende Anstöße zum Staunen und Nachdenken.

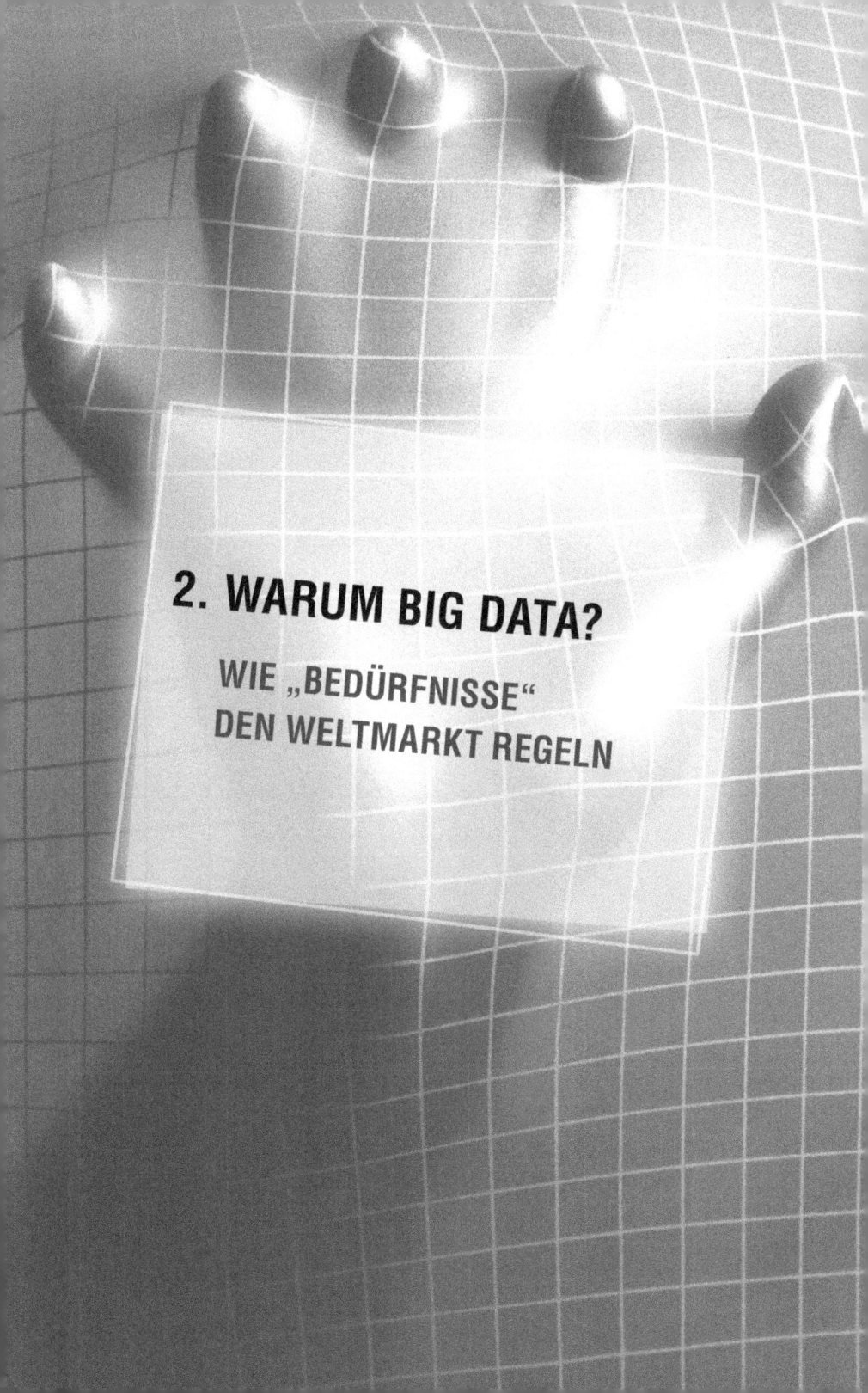

2. WARUM BIG DATA?

WIE „BEDÜRFNISSE" DEN WELTMARKT REGELN

Warum werden Geschichtswissenschaftler in einigen Hundert Jahren vom Beginn des Big-Data-Zeitalters sprechen, wenn sie unsere Epoche betrachten? Weil die heutzutage rasant eintretenden Veränderungen, welche unsere Gesellschaft und unsere Art zu leben für immer verwandeln werden, revolutionär sind. Ähnlich umwälzend wie die Erfindung des Buchdrucks durch Johannes Gutenberg in der Mitte des 15. Jahrhunderts und mindestens genauso bahnbrechend für die gesamte Menschheit wie die beginnende Industrialisierung im 18. Jahrhundert.

In der Mitte jeder Revolution steht das Bedürfnis, ein Verlangen nach Veränderung. Aber was ist das eigentlich und wie grenzen wir ein Bedürfnis von einer Notwendigkeit ab? Ersteres erscheint mir gefühlsmäßig deutlich tiefer verankert. Es ist mir ein Bedürfnis, etwas Bestimmtes zu tun, beispielsweise gut zu essen oder ausreichend zu schlafen. Eine Notwendigkeit geschieht vielmehr aus rationalen Gründen und muss getan werden, weil es eben nötig ist. Zum Beispiel der Toilettengang, der bei so manch einem allerdings auch ein Bedürfnis sein könnte. Sie sehen bereits: So ganz simpel verhält sich das alles nicht.

Aber wieso erzähle ich Ihnen das? Weil es Bedürfnisse gibt, die unseren Weltmarkt regeln, und es dringend notwendig ist, dieses Konstrukt zu verstehen, bevor wir in die tiefergehende Materie der Informationen einsteigen, die uns heutzutage umgeben. Denn ich halte es an dieser Stelle für eminent wichtig, die Geschehnisse unserer heutigen Zeit zunächst auf zentrale Punkte in der Vergangenheit zurückzuführen.

Nur mit dem Wissen aus dieser vermögen wir auch unsere Gegenwart und Zukunft zu verstehen.

Die Kondratieff-Wellen im Datenozean

Warum also gibt es die Big-Data-Revolution? Ich erkläre das im Grunde genommen aus zwei Perspektiven. Die erste ist die Kondratieff-Theorie, die zweite handelt von unserem Umgang mit verschiedenen Denkweisen.

Alles, was uns im Leben produktiver macht, setzt sich auf dem Markt als Innovation durch. Der Computer ist nicht gekommen, weil die Leute Lust hatten, auf einmal auf Bildschirme zu glotzen und dort Buchstaben hineinzutippen. Er hat sich auch nicht durchgesetzt, weil die Menschen es lustig fanden, wenn sie diese statt auf dem Papier in der Schreibmaschine auf einmal auf dem Bildschirm gesehen haben.

Verantwortlich für diese These zeichnet sich der russische Wirtschaftswissenschaftler Nikolai Kondratieff, der in den zwanziger Jahren eine Theorie entwickelte, nach der sich alle Lebensbereiche in einem regelmäßigen Rhythmus – den sogenannten Kondratieff-Wellen – verändern.

Lassen Sie mich das an einigen Beispielen erklären: Große Veränderungen treten immer dann ein, wenn ein Bedürfnis besteht. Während der Mitte des 18. Jahrhunderts war das die Erfordernis, die Herstellung von Textilien zu optimieren.

Dazu entwickelte James Watt 1769 die Dampfmaschine so weiter, dass die Webstühle 200-mal mehr leisten konnten als zuvor.[1] Die Folgen waren revolutionär. Textilien konnten nun schneller und billiger produziert werden. Auch andere Branchen profitierten davon und lösten in Großbritannien einen bis dato noch nie da gewesenen Wirtschaftsboom aus, der sich alsbald auch auf Westeuropa ausweiten sollte. Die Gesellschaft war vom Agrar- zum Industriezeitalter vorangeschritten. Nach Jahren des Aufschwungs jedoch war die Wirtschaft an einem Punkt angelangt, an dem der produktivitätssteigernde Faktor so gering war, dass sie stagnierte. Die Folge waren Massenelend und Arbeitslosigkeit. Aber was war das Problem? Die Transportkosten waren schlicht zu hoch. Eine Besserung dieser Situation trat mit der Erfindung der Eisenbahn und des Dampfschiffes ein. Handel und Industrie verbreiteten sich rascher. Es entstand ein infrastrukturelles Netz, das zahlreiche neue Arbeitsplätze schuf, wodurch ein erneuter Aufschwung eintrat.

Dieses Muster der langen Wellen setzt sich bis heute so fort. Denn: *„Wenn die Voraussetzungen dafür [Basisinnovation] geschaffen werden, kann es nach einem langen Abschwung wieder aufwärtsgehen."*[2]

Und bisher ist das immer geschehen. Die Weltwirtschaftskrise ab 1929: Abschwung! Das deutsche Wirtschaftswunder in den 1950er-Jahren: Aufschwung! Daran konnten auch zwei Weltkriege nichts ändern. Sie und andere geschichtliche Brüche können zwar einen Zyklus vorübergehend einstellen, diesem aber dauerhaft nicht Einhalt gebieten.[3]

Die Digitalisierung ab 1980: Aufschwung! Die Finanzkrise seit 2007: Abschwung! Ja, wir leben in Zeiten des Abschwungs. Der fünfte Kondratieff, das Zeitalter der Information, macht uns nicht mehr leistungsfähiger. Als im Jahr 2007 die Immobilienblase in den USA platzte und dies weltweit zu einem Rückgang des Wirtschaftswachstums führte, Rezession einsetzte und Banken mit Rettungsschirmen versorgt werden mussten, erinnerte dieses Prozedere stark an die Weltwirtschaftskrise' 1929.

Es ist also wieder Zeit für einen Aufschwung. Und Sie werden sicher ahnen, was die Basis für diesen sein wird: Big Data!

All diese Dinge, die sich jetzt im Big-Data-Zeitalter durchsetzen, helfen uns, effektiver zu leben und dementsprechend produktiver zu arbeiten, weil wir durch das Arbeiten Wertschöpfungsketten noch wirksamer schließen können. Eine gewagte These? Zahlreiche Beispiele aus diesem Buch werden sie unterstreichen.

Warum wir denken, wie wir denken

Für die zweite Sichtweise ist das Buch *Schnelles Denken, langsames Denken*[4] vom profilierten Psychologen und Nobelpreisträger Daniel Kahneman relevant. Eindrucksvoll und alltagsnah beschreibt er das menschliche Verhalten, wenn es darum geht, die richtige Entscheidung zu treffen. Wie handeln wir in bestimmten Situationen und welchen Anteil an diesem Denkprozess hat unser Urteilsvermögen? Als Angehöriger der Spezies Mensch sind wir grundsätzlich gemütlich. Mit dieser archaisch bedingten Gewohnheit streben wir schon seit jeher nach Sicherheit und Geborgenheit. Und wenn wir Dinge erledigen können, ohne dass wir viel Anstrengung dazu brauchen, dann machen wir das. Oft eben, ohne dass wir über mögliche Konsequenzen unseres Handelns nachdenken.

Im Big-Data-Zeitalter ist das ganz einfach. Ich stehe irgendwo in der Stadt und habe das Bedürfnis nach einer schmackhaften Pizza. Ich ziehe in diesem Fall mein iPhone und frage Siri: *„Wo ist die nächste Pizzeria?"* Siri zeigt mir die nächstgelegenen Möglichkeiten in meiner Umgebung, und zwar mit der Angabe, wo ich diese finde, wie weit es dorthin ist, und ich sehe auch gleich, wie andere Kunden diese Pizzerien bewertet haben.

So kann ich in kürzester Zeit abwägen, welchem Italiener ich einen Besuch abstatten sollte, um meinen großen Hunger auf Pizza zu stillen.

Welche Datenspur wir dadurch hinterlassen und was diese uns für eine Rückmeldung gibt – und nicht nur uns, sondern möglicherweise auch zukünftig unseren Krankenkassen, Versicherungen und der Politik –, darüber machen wir uns keine Gedanken. Weil das im Zentrum des langsamen Denkens liegt. Grübeln, nachdenken sowie reflektieren ist anstrengend und zeitintensiv. Und wenn wir dem aus dem Wege gehen können, dann wählen wir verständlicherweise lieber die Variante des schnellen Denkens.

In diesem speziellen Fall speichert das Smartphone unseren kompletten Verhaltensvorgang. An welchem Tag und um wie viel Uhr frage ich Siri nach der Pizza? An welchem Ort befinde ich mich zu diesem Zeitpunkt und wo habe ich mich zuvor aufgehalten? Wie lange habe ich die Pizzeria besucht? Habe ich bar oder digital bezahlt? Mein Smartphone weiß das alles und speichert es ab. Welche Informationen es fernerhin akkumuliert und wer diese heimlich nutzt, erfahren Sie vor allem in Kapitel 7 (Was mein Smartphone alles speichert und wer es heimlich nutzt).

Zusammenfassend ausgedrückt: Es sind Bedürfnisse, die unseren Weltmarkt regeln. Irgendwann jedoch transformieren sich diese Bedürfnisse in Notwendigkeiten. Denn der Computer ist längst kein Begehren mehr. Er ist notwendig geworden für unser aller Leben. So wird es sich schließlich auch mit der Big-Data-Revolution verhalten. Was jetzt noch Bedürfnis ist, wird bald Notwendigkeit sein.

Diese Revolution ist nicht mehr aufzuhalten und es ist mir eine Notwendigkeit, Ihnen das zu erläutern. Aus dem Datengefängnis können wir nicht mehr fliehen. Dafür ist es zu spät! Wir können jedoch versuchen, uns den Gefängnisalltag so angenehm wie möglich zu gestalten. Machen wir aus dem Datengefängnis ein 5-Sterne-Arbeits- und Urlaubsparadies! Denn Big Data birgt nicht nur große Gefahren, sondern bringt auch erhebliche Vorteile mit sich. Beides zu beleuchten wird meine Aufgabe in diesem Buch sein.

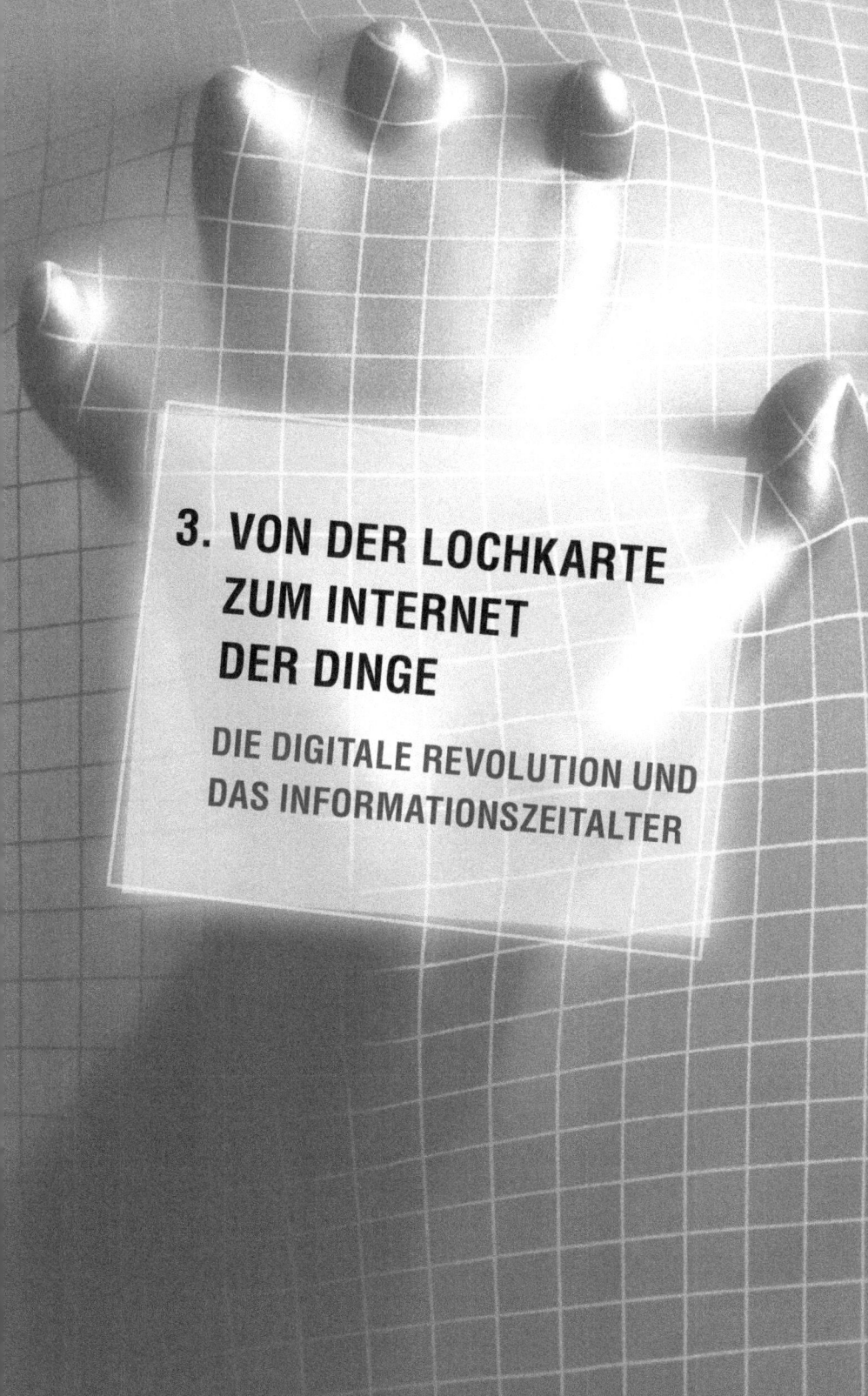

3. VON DER LOCHKARTE ZUM INTERNET DER DINGE

DIE DIGITALE REVOLUTION UND DAS INFORMATIONSZEITALTER

„Die Geschichte des Lebens ist eine Abfolge von stabilen Zuständen, die in seltenen Intervallen durch wesentliche Ereignisse unterbrochen wird." **MANUEL CASTELLS**

Eines dieser vom spanischen Soziologen Manuel Castells beschriebenen Ereignisse haben wir vor nicht allzu langer Zeit durchstoßen. Es ist die digitale Revolution, die unsere Art zu leben, zu lieben und einzukaufen innerhalb kürzester Zeit komplett verändert hat und auch zukünftig erheblich umformen wird. Noch nie haben Daten eine so große Rolle gespielt, noch nie bargen sie derartige Gefahren. Manuel Castells verfasste Ende der neunziger Jahre eine umfassende Trilogie über das Informationszeitalter und die Netzwerkgesellschaft, die er dabei im Kontext des rasanten Aufstiegs des Internets als gesamtgesellschaftliches Phänomen betrachtete.[1] Viele der folgenden Ausführungen beruhen auf seinen Erkenntnissen.

Lieber Leser: Um den Gesamtkontext zu verstehen, werden wir ein komplexes Thema betrachten. Machen Sie sich nichts daraus. Lesen Sie es im Zweifelsfall sogar doppelt. Das ist die Grundlage, um alles Spätere verstehen zu können. Doch keine Sorge: Ich werde es Ihnen so angenehm wie möglich gestalten.

Wir müssen Big Data als Teil dieser Informationsrevolution verstehen. Denn alle technisch relevanten Ereignisse seit den frühen Beginnen der Industrialisierung bis zur digitalen Revolution münden in die Schritte, die unsere Gesellschaft und Wirtschaft nun gehen. Denken wir an die industrielle Revolution, verknüpfen wir diese vor allem mit der Erfindung der Dampfmaschine.

Einige anerkannte Wirtschaftswissenschaftler vertreten heutzutage jedoch die Meinung, dass die Industrialisierung als fortlaufender Gesellschaftswandel noch nicht abgeschlossen ist. Das ist so unklug nicht, weswegen ich dieser These auch hier folgen möchte. Nach ihr kennen wir heute vier industrielle Revolutionen, die ich im Folgenden kurz anreißen möchte:

1. industrielle Revolution

Sie setzte im letzten Drittel des 18. Jahrhunderts ein und war vor allem gekennzeichnet durch die Erfindung der Dampfmaschine, das Puddelverfahren im Hüttenwesen und die allgemein fortschreitende Ersetzung von Handwerkzeugen durch Maschinen. Die Gesellschaft hatte begonnen, sich vom Agrar- zum Industriezeitalter zu transformieren.

2. industrielle Revolution

Die zweite große Phase der Industrialisierung fand in etwa hundert Jahre später statt. Sie war vor allem geprägt von der Entwicklung der Elektrizität, der Innovation des Verbrennungsmotors und der anfänglichen Verbreitung der Kommunikationstechnologie. Ein wichtiges Merkmal dieses Abschnitts war die beginnende Massenfertigung an Fließbändern.

3. industrielle Revolution

Die dritte industrielle Revolution ist uns auch bekannt als Phase der Digitalisierung. Ihr Beginn ist zeitlich in den siebziger Jahren des letzten Jahrhunderts einzuordnen. Durch die fortschreitende Automatisierung wurden immer mehr Arbeitsschritte von Maschinen übernommen. Grundlage dafür war der Einsatz von Elektronik und IT.

4. industrielle Revolution

Auch besser bekannt als Industrie 4.0. Diese Revolution hat in den letzten Jahren eingesetzt und befindet sich deshalb noch im Frühstadium. Ihre Kennzeichen sind die intelligente Fabrik und das Internet der Dinge.

Zeitlich stehen wir jetzt gerade also noch zwischen der dritten und vierten industriellen Revolution. Ressourcen wie Öl und weitere fossile Brennstoffe, welche die markanten Charakteristika der ersten Revolutionen darstellten, erschöpfen sich zusehends.[2] Es braucht eine neue Substanz und das sind Informationen!

Wie kam es ergo dazu, dass Daten als das *neue Gold* angesehen werden? Manuel Castells nennt diesen Vorgang die *„Transformation unserer materiellen Kultur in eine Informationstechnologie"*[3]. Zahlreiche Experten nutzen heute den Begriff *digitale Transformation*! Vereinfacht ausgedrückt: Wir haben uns von der Industrie- zur Informationsgesellschaft weiterentwickelt. Ursprung der ersten Revolutionen waren jeweils neue Energiequellen. Dampfmaschine, Elektrizität oder Kernenergie machen unser Leben aber nicht mehr produktiver.

Information und Wissen sind heutzutage die wichtigsten Rohstoffe. Sie sind zentrale Kennzeichen des Informationszeitalters, aber nicht die entscheidende Abgrenzung zur Industriegesellschaft. Die liegt nämlich vielmehr in der Tatsache, dass wir Wissen nutzen, um neues Wissen und neue Informationen herzustellen. Das mag nun schwammig klingen, ist allerdings relativ einfach.

Weil er zu faul zum Rechnen war, erfand Konrad Zuse 1941 den Z3, die erste vollautomatische Rechenmaschine der Welt. Das Prinzip des Aufbaus seines Computers zu heutigen ist unverändert. Lediglich die Rechnergeschwindigkeit ist um ein paar Billionen μ schneller. Zuses Grundsatz und auch der vieler weiterer Pioniere auf diesem Gebiet hätte also lauten können:

→ **LERNEN durch ANWENDEN**

Die Weiterentwicklung allerdings erfolgte nach anderen Prinzipien. Man nutzte die wissenschaftlichen Vorkenntnisse und baute auf diesen auf:

→ **LERNEN durch VERWENDEN**

Und genauso verhält es sich mit den neuen Informationstechnologien. Die Benutzung von Werkzeugen tritt in den Hintergrund. Die Basics sind vorhanden, weswegen man sich auf Prozesse konzentriert, die weiterentwickelt werden. Wir verwenden demnach Wissen, um neues Wissen zu kreieren.

Ein weiteres Merkmal, das die digitale Revolution so besonders macht, liegt in ihrer außerordentlich schnellen Durchführung. Bis sich die industrielle Revolution weltweit durchgesetzt hatte, dauerte es nahezu zwei Jahrhunderte. Während beispielsweise in vielen Teilen Großbritanniens Mitte des 19. Jahrhunderts bereits ein infrastrukturelles Netz aufgebaut war, scheiterten die deutschen Territorialstaaten noch an ihrer mittelalterlichen Zollpolitik. Die Informationstechnologien erlebten allerdings innerhalb von nur zwei Jahrzehnten einen Boom, der sich auf dem ganzen Globus durchsetzen konnte.

Obwohl wir die dritte industrielle Revolution offiziell ins letzte Drittel des 20. Jahrhunderts beordern, gab es schon in den Jahrzehnten zuvor einige wegweisende Innovationen, ohne die das Ganze so nicht stattgefunden hätte. Dazu gehören sicherlich die Erfindung des Telefons 1876 oder die des Radios 1898. Die großen technologischen Durchbrüche ereigneten sich allerdings während des 2. Weltkriegs und vor allem in der Nachkriegszeit. Der britische Mathematiker Alan Turing schuf durch seine Entschlüsselung des deutschen Fernmeldewesens richtungsweisende Voraussetzungen für die moderne Informationstechnologie. Konrad Zuse entwickelte den ersten Computer und 1957 gelang mit der Erfindung des integrierten Schaltkreises ein technologischer Durchbruch, der die Produktion auf das Zwanzigfache steigen ließ.

Die Mutter der Datenverarbeitung

Als Mutter der Datenverarbeitung betrachtet man heute allerdings eine rechteckige Pappe mit Löchern: die Lochkarte! Ihre Geschichte reicht noch viel weiter zurück. Bereits 1805 wurde der sogenannte Jacquard-Webstuhl mit gelochten Karten aus Karton gesteuert. So war gewährleistet, dass der Webstuhl die immer gleichen Stoffmuster auswarf. Wie das funktionierte, lässt sich am besten mit der Funktionsweise einer Drehorgel vergleichen. Egal wie oft man dreht, sie spielt die immer gleiche nervtötende Melodie. Die erste kommerzielle Verwendung der Lochkarte lässt sich auf die US-amerikanische Volkszählung 1890 datieren. Herman Hollerith, der spätere Gründer von IBM, entwickelte diese Lochkarte und die dazugehörigen Maschinen zur Auswertung. Aber wie ließen sich auf einem Stück Pappe Daten speichern?

In ihrem später verbreiteten Layout befanden sich auf einer Karte zwölf Zeilen mit jeweils 80 Spalten. Die Zeilen entsprachen den Ziffern 0–9 sowie einem Plus- und einem Minus-Vorzeichen. Betrachten wir das Ganze im Kontext unternehmerischer Bestrebungen, konnten beispielsweise die ersten fünf Spalten für eine fünfstellige Kundennummer und die nächsten vier für eine vierstellige Produktnummer verwendet werden. Die anschließenden drei sagten aus, wie oft der Kunde X das Produkt Y gekauft hatte. Am Abend gingen schließlich alle Lochkarten in das dazugehörige Lesegerät, das in vergleichsweise kurzer Zeit den Umsatz des gesamten Tages auswertete.

Dieses nützliche und einfache Verfahren verbreitete sich anschließend mehr und mehr in der Mechanik und Elektromechanik. Ab Mitte der 1960er-Jahre war die Lochkarte jedoch zunehmend auf dem absteigenden Ast, weil sich in den Rechenzentren Magnetbänder als Speichermedium durchgesetzt hatten. Heutzutage ist die Lochkarte eigentlich komplett verschwunden. Eine Ausnahme stellt allerdings das amerikanische Wahlsystem dar. Da die Stimmabgabe in den einzelnen Staaten der USA extrem variiert, gab es auch im Jahr 2012 noch Bezirke, in denen per Lochkarte abgestimmt werden konnte.

Alles wird smart

Ohne die Lochkarte und Konrad Zuses laute Rappelmaschine würde es die meisten Innovationen, die heute unseren Alltag prägen und morgen noch weiterhin bestimmen werden, definitiv nicht geben. Ganz besonders betrifft uns das Internet der Dinge.

Früher waren das Internet und die Dinge um uns herum strikt getrennt. Zum Einkaufen sind wir auf eine Internetseite wie beispielsweise Amazon gegangen, haben den Bestellprozess beendet und zwei Tage später die Ware zu Hause in Empfang nehmen können. Heute aber gehen wir durch die Innenstadt und werden über einen *iBeacon* in ein Geschäft gelockt. Unsere Smartwatch erzählt uns, dass folgende Produkte in dem Regal, vor welchem wir gerade stehen, interessant sind, weil wir sie in der Vergangenheit bereits gekauft und für gut bewertet haben. Das heißt, dass sich die Dinge um uns herum und das Internet zusehends vermischen. So wie das Internet in den frühen 90ern die Gesellschaft revolutioniert hat, kann auch das Internet der Dinge die Welt verändern. Dieser Prozess ist bereits im Gange. Oft wird er mit dem Begriff *smart* verknüpft.

Denn plötzlich wird alles smart: *Smartphones*, *Smartwatches*, die intelligente Fabrik als *Smart Factory*, in der die Produkte eigenständig miteinander kommunizieren, oder auch das *Smart Home*, ein von innen und außen steuerbares Haus, das Wohn- und Lebensqualität erhöht, Sicherheit bietet sowie Energie spart. Verlassen wir unser Smart Home, verriegelt sich die Haustür von allein. Kommt ein Regenschauer, schließen sich die Fenster, und ist eine Kaltfront gemeldet, erhöht die Heizung die Temperatur. Das Internet der Dinge beeinflusst bereits jetzt unseren Alltag immens, auch wenn wir das vordergründig gar nicht wahrnehmen. In den folgenden Kapiteln werden Ihnen immer wieder Geschichten begegnen, die auf dem Prinzip des Internets der Dinge basieren. Willkommen in der Zukunft!

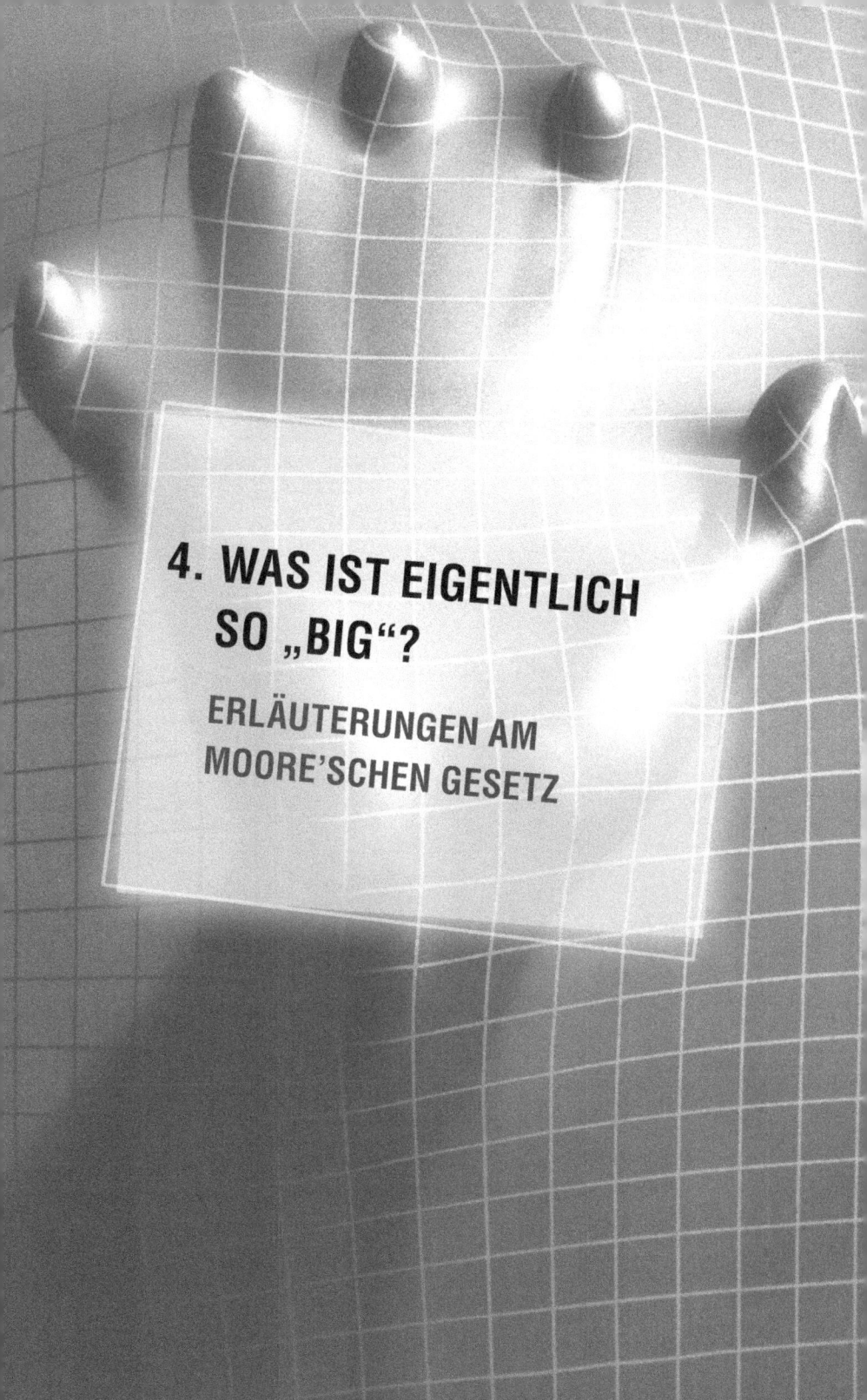

4. WAS IST EIGENTLICH SO „BIG"?

ERLÄUTERUNGEN AM MOORE'SCHEN GESETZ

Ob das Smartphone in der Tasche, die Kreditkarte im Geld-
beutel oder das Navigationsgerät im Auto: Auf Schritt und
Tritt sind wir heute umgeben von Daten, welche sich mittlerweile in Größenordnungen bewegen, die wir kaum noch
realisieren können. In rasantem Tempo eilt der technische
Fortschritt durch unsere Zeit und macht dabei alles noch
schneller, noch leistungsfähiger und noch billiger. Was gestern noch groß war, ist heute schon veraltet. Diese rapide
Entwicklung in den letzten Jahrzehnten ist jedoch kein Zufall. Sie ist dargelegt durch das Moore'sche Gesetz.

Gordon Moore, der spätere Mitbegründer vom Halbleiterher-
steller Intel, hatte dieses Gesetz 1965 in einem Aufsatz in der
Zeitschrift *Electronics* mit dem kurzweiligen Titel „Immer
mehr Komponenten in integrierte Schaltkreise quetschen"
aufgestellt. Aus seinen Beobachtungen, welche den Zeitraum
von 1959 bis 1964 umfassten, leitete er ab, dass sich die Anzahl
der Transistoren auf einem Siliziumchip jedes Jahr verdop-
pelt,[1] das heißt also, dass sich die Rechenleistung integrierter
Schaltungen von Jahr zu Jahr exponentiell um das Zweifache
steigert. Später wurde die Zeitspanne auf etwa 18 Monate
korrigiert.

Klingt kompliziert, ist auch kompliziert! Aber diese Erkenntnis war revolutionär. Intel benennt sie heute noch als *Goldene Regel* der Elektronikindustrie.[2]

Denn Gordon Moores Vorhersage beinhaltete die Tatsache, dass sich die Leistungsfähigkeit von Computern immer weiter erhöhen werde, während die Kosten dabei exponentiell sinken würden. Erinnern Sie sich bei dieser Gelegenheit an Ihren ersten Computer, dessen Leistungsfähigkeit und den dafür veranschlagten Preis. Greifen Sie nun in Ihre Tasche, begutachten Ihr Smartphone und dessen Leistungsfähigkeit sowie Preisklasse. Merken Sie etwas? Elektronische Geräte werden immer leistungsfähiger, jedoch nicht teurer.

Alle zwei bis drei Jahre kaufen wir uns einen neuen PC oder ein neues Smartphone und erfreuen uns daran, dass wir mehr Leistung für den gleichen Preis erhalten haben. Ich selbst rufe mir meinen ersten 486er-PC mit 25 MH und 4 MB RAM gerne ins Gedächtnis. Vor diesem Gerät haben wir uns damals wie Könige gefühlt. Plötzlich ergaben sich so viele neue Möglichkeiten. Dass ich mir aber während der Ladezeit des Textverarbeitungsprogramms gemütlich einen Kaffee holen konnte, erscheint aus heutiger Sicht nahezu grotesk.

Die Grenzen unserer Vorstellungskraft

Das Moore'sche Gesetz ist nun fünfzig Jahre alt geworden und hat noch immer Bestand. Noch! Denn jedes exponentielle Wachstum stößt irgendwann an eine Grenze – und sei es nur die unserer Vorstellungskraft. Geht es um Verdopplung, spielt uns gerade das Einbildungsvermögen oft einen Streich. Deshalb habe ich hier drei Beispiele für Sie:

Die Blattfaltung

Wenn wir ein DIN-A4-Blatt einmal falten, wird es doppelt so dick. Wenn wir es ein zweites Mal falten, ist es schon viermal so dick. Wir können ein DIN-A4-Blatt bekanntlich nur sieben Mal falten. In diesem Fall tun wir einfach so, als ob wir das Blatt unendlich weiterfalten könnten. Wie oft müsste es dann gefaltet werden, damit das Blatt irgendwann so dick ist, dass es von der Erde bis zum Mond reicht? (Der Mond ist immerhin „nur" 350.000 km entfernt.) Dabei gilt zu bedenken, dass die ursprüngliche Blattdicke eines DIN-A4-Papiers 0,1 mm beträgt. Sind wir mal ehrlich: Das ist eine völlig aberwitzige Frage! Tatsächlich müssten wir das Blatt aber insgesamt nur 42 Mal falten, damit es eine Dicke von 350.000 km erreicht. Natürlich ist eine Blattgröße von DIN A46 unmöglich. Stellen Sie sich die letzte Faltung vor, bei der das Blatt schon 175.000 km hoch ist, um es dann noch mal umzuklappen. Dieses Beispiel verdeutlicht, wie enorm schwer es ist, uns die ständige Verdopplung von Transistoren vorzustellen. Bei den ersten Faltungen haben wir noch keine Probleme. 1965 wurden sechzig Transistoren auf integrierte Schaltkreise gepackt. So lautete die Hochrechnung für 1975 folgerichtig 60.000. Und heute? Da gibt es mehrere Milliarden Transistoren, die auf einen Siliziumchip gequetscht werden.

Die Weizenkornlegende

Die Legende der Erfindung des Schachspiels ist ein echter Klassiker. Und vor allem ein treffendes und oft genanntes Beispiel für exponentielle Steigerung. Dieser Sage nach wurde das Schachspiel im 3. oder 4. Jahrhundert n. Chr. in Südasien erfunden. Ein indischer Gelehrter besuchte seinen tyrannischen Herrscher, um diesem mithilfe des Schachspiels zu verdeutlichen, dass ein König ohne die anderen Figuren auf dem Brett machtlos sei. Der Herrscher war von diesem Spiel begeistert und ließ anordnen, dass der Gelehrte einen Wunsch frei hätte. Dieser zeigte sich jedoch demütig und bat lediglich um Weizenkörner für seine Familie. Man solle ihm auf das erste Feld des Schachbretts ein Korn legen, auf das zweite zwei, das dritte vier und immer so weiter, also bei jedem Feld die doppelte Menge. Ahnungslos ob der gewaltigen Ausmaße billigte der Herrscher dem Gelehrten diese Belohnung zu. Sie ahnen bereits, dass sich am Ende eine absurde Zahl ergab. Die Reichskornkammer hätte etwa 18,45 Trillionen Weizenkörner aufbringen müssen. So viel Korn hatte man im ganzen Reich nicht. Zur Veranschaulichung: Die Menge der weltweiten Weizenernte aus dem Jahr 2000 müsste mit 1.500 multipliziert werden, um diesen Betrag zu erhalten. Als der Herrscher Tage später, noch immer mit dem Rechnen beschäftigt, auf diese Menge hingewiesen wurde, soll er den Weisen zu sich rufen und ihn köpfen haben lassen. Ein ärgerlicher Ausgang für den Erfinder des Schachbretts.[3]

Das Gesetz, das keines ist

Genau genommen haben wir es hier aber mit keinem Gesetz zu tun, sondern eher mit einer Behauptung. Denn die fortschrittliche Arbeit der Technikbranche folgt keiner allgemeingültigen Gesetzmäßigkeit, wie man das vergleichend aus der Physik kennt. Die Beobachtungen von Gordon Moore waren nur eine Prognose, wurden dann jedoch zum ungeschriebenen Gesetz, weil sich diese Prognose von Jahr zu Jahr bewahrheitete![4] Ob nun zwei Jahre oder 18 Monate – die Zeitspanne war natürlich nur eine grobe Schätzung und variierte im Laufe der Jahre –, Moores Voraussage sollte sich als extrem weitsichtig erweisen. Schließlich gibt es kaum einen vergleichbaren Bereich, in dem man exponentielle Verdopplung über einen Zeitraum von 50 Jahren beobachten kann. Stellen Sie sich mal vor, Lionel Messi und Cristiano Ronaldo würden jedes Jahr doppelt so viele Tore wie in der Vorsaison erzielen.

Bereits in der vierten Spielzeit müssten sie acht pro Begegnung schießen. Das gelingt nicht mal mir in meiner Altherrenmannschaft.

Die Katastrophe im Viktoriasee

Ein Beispiel von exponentieller Steigerung in der Natur ist die Verbreitung der Wasserhyazinthe im Viktoriasee. Dieser ist nach dem Kaspischen Meer und dem Lake Superior das drittgrößte Binnengewässer der Welt. Auf dem Viktoriasee hat die höchstwahrscheinlich aus Südamerika importierte Pflanze eine derart konstante Zuwachsrate an den Tag gelegt, dass ein ökologisches Desaster entstanden

> ist.[5] So waren im Jahr 1995 in etwa 90 Prozent der ugandi-
> schen Küste von der Wasserhyazinthe bedeckt. Dies stell-
> te gerade die Fischerei vor erhebliche Probleme, da sich
> die Fischerboote nur äußerst schwer durch die schwim-
> menden Hyazintheninseln kämpfen konnten. Aber auch
> die Artenvielfalt des Sees litt unter der exponentiellen
> Verbreitung der Pflanze, die durch ihren teppichgleichen
> Wuchs Fotosynthese in bestimmten Regionen des Sees
> praktisch unmöglich gemacht hatte.

Meine Beispiele zur Verdopplung sind nicht etwa amüsante
Nebengeschichten, sondern sollen ernsthaft verdeutlichen, warum die Technik heutzutage so rasant fortschreitet. Wir befinden uns längst im bereits sehr hohen Bereich der Blattfaltung.
Die Digitalisierung hat uns in außergewöhnlich spektakulärem
Maße technische Innovationen bereitet, die Gordon Moore 1965
niemals hätte erahnen können. Zwar sagte er die massenhafte
Verbreitung des Computers, selbstständig mechanische Steue-
rungen für Autos und tragbare Kommunikationsgeräte voraus.
An die Durchschlagskraft des Internets oder gar an das Internet
der Dinge hatte aber auch er nicht gedacht.

Big Data – ein Überblick

Wenn die Inhalte aller Keilschrifttafeln, Papyrusrollen, Schall-
platten, Videokassetten oder 3,5-Zoll-Disketten zusammenge-
zählt werden, hat die Menschheit vom Beginn der Zeitrech-
nung bis zum Jahr 2003 etwa fünf Milliarden Gigabyte an Daten

gesammelt. Im Jahr 2011 häufte sich die gleiche Datenmenge in nur 48 Stunden an und 2013 bereits alle zehn Minuten. Die drei Milliarden Webnutzer auf der Erde und die mehreren Milliarden über das Internet vernetzten Geräte sammeln heute jeden Tag etwa 2,5 Trillionen Byte an Daten. Diese würden zehn Millionen Blu-Ray-CDs füllen, die aufeinandergestapelt vier Mal so hoch wären wie der Eiffelturm.[6] Insgesamt sind etwa 90 Prozent aller jemals zusammengetragenen Daten allein in den vergangenen beiden Jahren erzeugt worden. Nehmen Sie sich ruhig ausreichend Zeit, um sich der Tragweite dieser unvorstellbaren Mengen bewusst zu werden. Jede versendete SMS, jeder angeklickte Link im Internet, hochgeladene Fotos bei Instagram, Posts in Facebook und Twitter, jede gesammelte Flugmeile, alle Online-Einkäufe oder auch nur Sensordaten von Überwachungskameras: Alle diese Bit-Tröpfchen lassen den Ozean aus Daten weiter ansteigen. Diesen abzuspeichern, ihn nach brauchbaren Informationen zu filtern und aus den Ergebnissen sinnvolle Verwendungen zu finden, nennt man Big Data. Im Allgemeinen definiert sich dieser Begriff über die bekannten drei V:[7]

VOLUME

Die Menge aller Daten, die es in einem bestimmten Bereich gibt. Ist sie so stark angestiegen, dass die Speicherprogramme an ihre Grenzen stoßen, kann man auf Big-Data-Anwendungen zurückgreifen. Zum Vergleich: Der globale Datenverkehr lag 1992 bei etwa 100 Gigabyte pro Tag. Zehn Jahre später wurde diese Menge bereits pro Sekunde generiert. Im Jahr 2018 werden wir bereits bei 50.000 Gigabyte pro Sekunde sein.

VARIETY

Die Vielfalt der Daten ist schier grenzenlos. Wirklich alles und jeder erzeugt Daten. Etwa 90 Prozent davon sind jedoch unstrukturiert. Sie zusammenzuführen und aus ihnen die richtigen Erkenntnisse zu gewinnen, ist ebenfalls Aufgabe von Big Data.

VELOCITY

Fehlt noch die Geschwindigkeit, um den gemeinsamen Nenner von Big Data zu definieren. All die Vielfalt dieser Datenmengen wird mittlerweile so rasant erzeugt, dass es bestimmte Big-Data-Tools braucht, um sie erfolgreich auszuwerten.

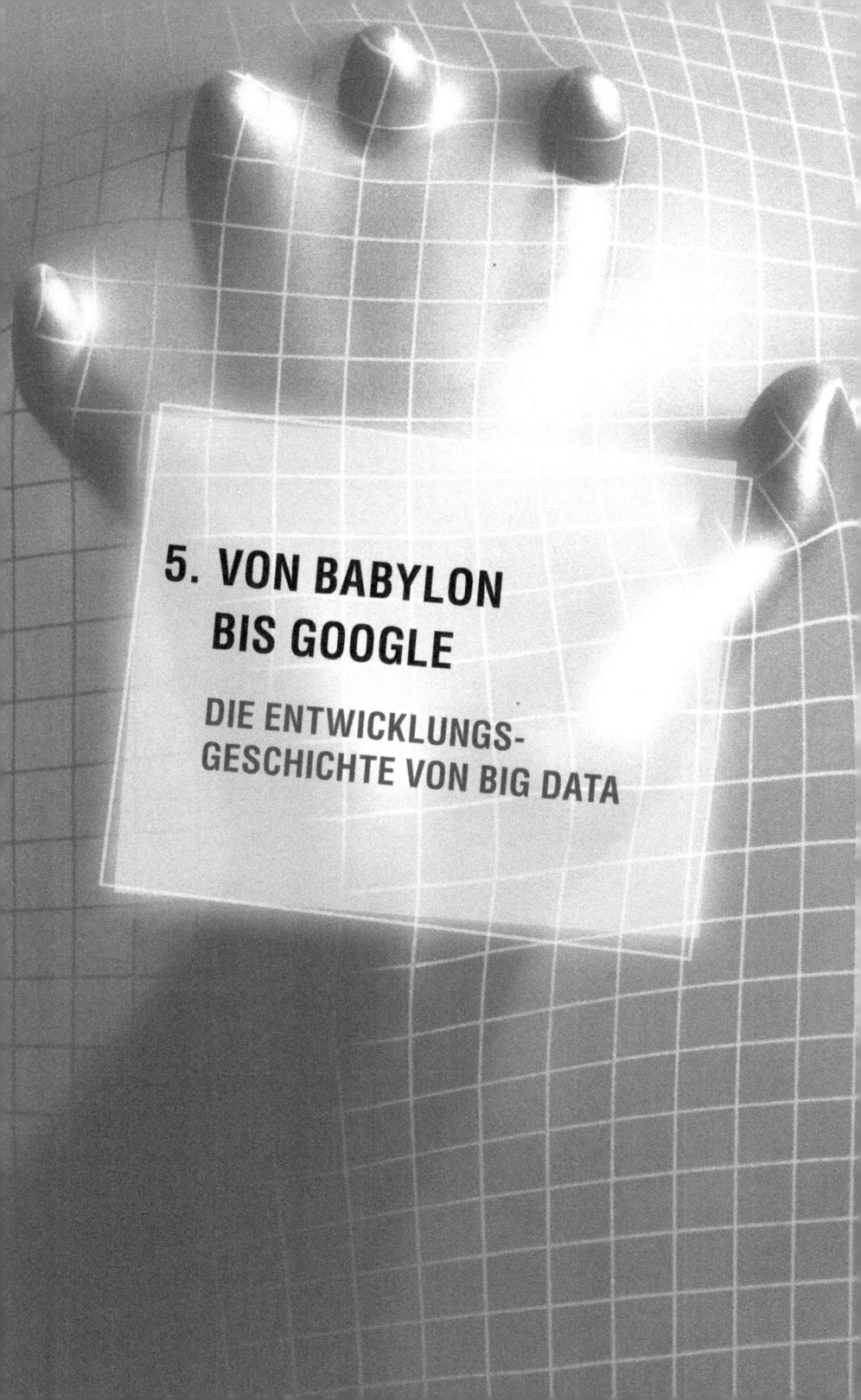

5. VON BABYLON BIS GOOGLE

DIE ENTWICKLUNGS-GESCHICHTE VON BIG DATA

Wir leben in einer innovationsgetriebenen Zeit, in der neue Erfindungen und Möglichkeiten so schnell in unser Leben drängen, dass wir gar nicht mehr mitkommen können, die Dinge um uns herum zu begreifen.

Gerade deshalb ist es lohnenswert, das Subjekt Big Data dort anzupacken, wo es begonnen hat. Denn das, was wir als Big Data bezeichnen, ist grundsätzlich nichts Neues. Das Sammeln von Daten und Informationen zieht sich seit jeher durch die Menschheitsgeschichte. Und diese Geschichte beginnt lange vor unserer Zeit.

Warum wissen wir so viel über das alte Babylon? Weil dessen Bewohner keine Mühe scheuten, ihre Kultur und ihr Wissen zu dokumentieren. Schon gegen Ende des 3. Jahrtausends v. Chr. finden sich erste Überlieferungen Babylons, welches sich später zu einer der wichtigsten Städte des Altertums entwickeln sollte. Nicht zu Unrecht behauptet der Suchmaschinenspezialist Stephen Wolfram, dass *„in der Geschichte systematischer Datenerfassung [...] die beiden größten Datensammler Babylon und die Vereinigten Staaten"*[1] gewesen sind. Denn die babylonischen Gelehrten hatten allerhand an Daten gesammelt. Auf simple Weise klassifizierten sie Alltagsgegenstände, Pflanzen oder Steine. Darüber hinaus verfassten sie Listen von Ereignissen auf der Welt, zum Beispiel von der Veränderung des Klimas oder der Bewegung der Sterne.

Deutlich jünger, aber aus unserer heutigen Sicht ebenfalls schon angestaubt, ist die im 15. Jahrhundert erbaute Inka-Bergfestung Machu Picchu in Peru. Wiederentdeckt und erforscht hatte man diese erst zu Beginn des 20. Jahrhunderts. Denn im Gegenteil zum alten Babylon gibt es über die Terrassenstadt keine Überlieferungen oder wissenschaftliche Aufzeichnungen. So war Machu Picchu über Jahrhunderte hinweg aus Mangel an Daten einfach vergessen worden.

Wissen oder Nichtwissen – das ist hier die Frage

Das Sammeln bzw. Nichtsammeln von Daten ist also seit jeher eng verknüpft mit der Weitergabe von Wissen. Das Zentrum dieses Wissens lag in der Antike innerhalb der Mauern der Bibliothek von Alexandria. Sie war Bestandteil des Museion, einer Forschungseinrichtung, die wir heute wohl als Universität bezeichnen würden. Berühmte Schriftsteller, Ärzte, Philosophen, Theologen und die klügsten Gelehrten stellten im Museion Forschungen über alle relevanten Wissensgebiete der antiken Weltgeschichte an. Zwar gibt es zum Bücherbestand keine genauen Angaben. Eine realistische Schätzung besagt jedoch, dass sich zwischenzeitlich etwa 500.000 Schriftrollen in der Bibliothek befunden haben sollen.[2] Eine enorme Zahl und ein ebenso gewaltiger Verlust für die Menschheit, dass dieses gesamte Wissen einem katastrophalen Brand zum Opfer gefallen ist. In Zeiten von Big Data ist ein derartiger Aderlass an Information nicht mehr vorstellbar. Weltweites Vorbild dafür ist die wieder erbaute Neue Bibliothek von Alexandria, die seit

1996 neben Schriftstücken auch Sicherungskopien sogenannter Mementos, Momentaufnahmen des Datenbestands zahlreicher relevanter Websites, erstellt. Auftraggeber dafür ist die gemeinnützige Organisation Internet Archive aus San Francisco, die sich die Langzeitarchivierung von Webdaten zum Ziel gesetzt hat.

Im Sommer 2014 betrug der Datenbestand bereits unvorstellbare 18,5 Petabytes (18,5 Milliarden Megabytes).[3]

Auch bereits der römische Kaiser Augustus wusste: Wer die Daten hat, der hat die Macht! Dies lehrt uns unter anderem die Weihnachtsgeschichte, aus der wir von einem Zensus erfahren, welcher die Bewohner des ganzen Erdkreises umfassen sollte.

„Es begab sich aber zu der Zeit, dass ein Gebot von dem Kaiser Augustus ausging, dass alle Welt geschätzt würde."[4]

Schätzen ist in diesem Fall der zutreffende Begriff. Denn das Wort Zensus leitet sich vom lateinischen Verb *censere = schätzen, meinen* ab. Eine Volkszählung war also immer nur eine grobe Schätzung.

Big Data – eine moderne Kurzgeschichte

Daten zu sammeln ist also nichts Neues. Die Erkenntnis, dass sich diese Vielzahl von Informationen aber in unregelmäßigen Intervallen vervielfältigt, ist relativ jung. Fremont Rider, ein Bibliothekar der Wesleyan University, erarbeitete 1944, dass sich amerikanische Universitätsbibliotheken alle 16 Jahre verdoppeln werden. Für sein Zukunftsmodell der Bibliothek in Yale rechnete Rider mit ca. 200 Millionen Bänden für das Jahr 2040. Die Regale, um diese zu fassen, müssten dazu fast 10.000 km lang sein. Zum Vergleich: Den größten Bibliotheksbestand unserer heutigen Zeit fasst die Library of Congress in Washington D.C. mit etwa 170 Millionen Medien und einer Regallänge von 925 km.[5]

1961 verfasste Derek Price das Werk *Science Since Babylon*[6]. In diesem erforschte er das Wachstum wissenschaftlicher Informationen anhand der Vermehrung theoretischer Zeitschriften. Auch deren Anzahl sollte exponentiell steigen und sich alle fünfzehn Jahre verdoppeln. 1975 startete das japanische Ministerium für Telekommunikation die Messung des Informationsflusses in Japan.

> Das wenig überraschende Ergebnis lautete, dass das Angebot an Information und Wissen deutlich schneller wuchs als der Informationsverbrauch in der Gesellschaft.

Der Terminus „deutlich schneller" war dabei noch untertrieben. Denn seit der Digitalisierung sind wir mit einem Bombardement von Information und Wissen konfrontiert. Wir alle stehen mitten im Hagel des Dauerbeschusses; und die Abfeuerungsrate ist weiterhin steigend. Wie soll man in diesem Chaos noch qualifiziert auslesen, welches Wissen wichtig, welches falsch und welches gefälscht ist? Zweifellos: Wissen ist größte Macht und gefährlichste Waffe mit einem unendlichen Reservoir an Munition!

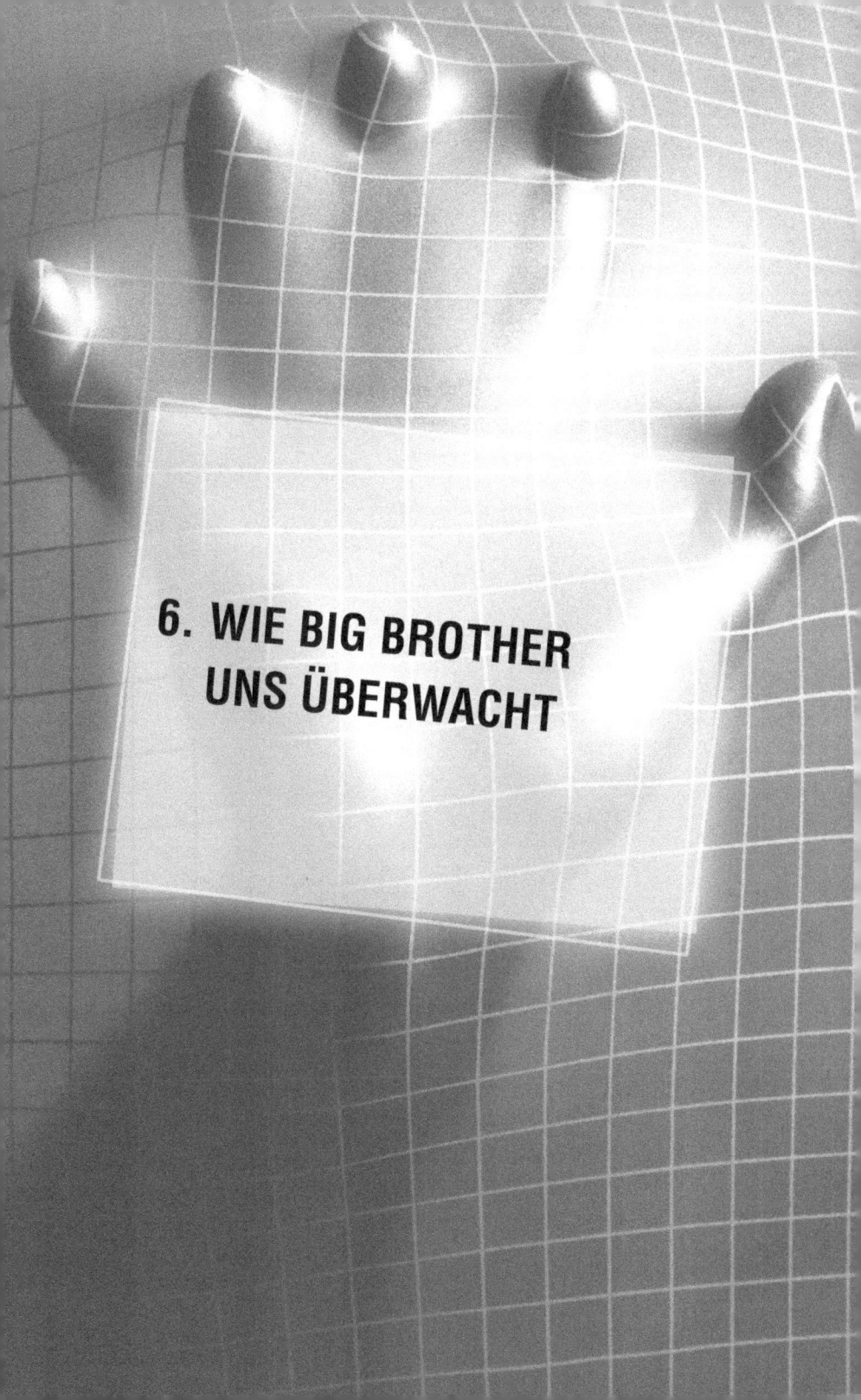

6. WIE BIG BROTHER UNS ÜBERWACHT

Wir genießen so viel Freiheit! Wir sind klug und kreativ – wir sind die digitale Generation! Wir können zu jeder Zeit mit unseren Freunden zusammen sein. Wann und wo wir wollen! Wir leben den technologischen Traum ... oder?

Herzlich willkommen im Datengefängnis! Das ist nicht nur eine oberflächliche Floskel, sondern ein Fakt! Ich habe bewusst diesen Titel gewählt, weil die Datenfluten unserer heutigen Zeit nichts anderes konstruieren als das Gebäude, dessen Mauern wir selbst errichtet haben. Wir können nicht mehr fliehen, denn die Gitterstäbe sind allgegenwärtig. Sollten Sie eher der ängstliche Typ sein, ziehen Sie sich bitte eine Windel an! Denn jetzt werfen wir einen Blick in das Gefängnis, von dem viele glauben, dass es sich um die „freie Welt" handelt.

Der englische Philosoph Jeremy Bentham entwickelte vor etwa zweihundert Jahren das Panopticon, ein Konzept zum Aufbau von Gefängnissen. Das Hauptprinzip seines Entwurfs lag darin, dass eine große Masse von nur einer Person überwacht werden kann. Sie müssen sich das Panopticon als rundes Gebäude vorstellen, in dessen Mitte ein hoher Turm steht. Von dort aus benötigte es nur wenige Aufseher, die in die umliegenden Zellen und Gänge blicken konnten. Die Gefängnisinsassen jedoch sahen den oberen Teil des Turms nicht, weil dieser im

Schatten lag. Die Häftlinge wussten also zu keiner Zeit, ob sie gerade beobachtet werden, und verhielten sich deswegen so, als würden sie es. Jeremy Bentham erhoffte sich dadurch die Selbstdisziplinierung der Insassen und ganz nebenbei eine enorme Kostenersparnis durch die Senkung des Wachpersonals. Der große französische Philosoph Michel Foucault entwickelte daraus schließlich sein Konzept des *Panoptismus*,[1] indem er das Panopticon als fundamentales Ordnungsprinzip für die westlich-liberale Welt definierte. Dieses Gleichnis lässt sich auf unsere Gesellschaft übertragen. Das ist besorgniserregend. Einen großen Unterschied gibt es allerdings noch zwischen dem Panopticon und unserem Datengefängnis der heutigen Zeit: Die Gefängnisinsassen wussten damals um die Funktion und Rolle des Aufsehers. Wir aber wissen heute nicht einmal, wer dieser Aufseher ist.

Big Brother is watching you!

Der große Bruder beobachtet uns und sieht dabei mehr, als uns lieb ist. George Orwell hat in seinem dystopischen Jahrhundertwerk *1984*[2] den Begriff *Big Brother* geprägt. In diesem Buch wird die Bevölkerung des totalitären Staates Ozeanien von den Behörden der Obrigkeit massiver Kontrolle unterzogen. Der große Bruder greift in die intimste Privatsphäre der Menschen ein und erinnert diese mit dem Slogan *Big Brother is watching you* durchgehend an die Komplettüberwachung. Diese 1948 geschriebene Dystopie ist unserer heutigen Welt mittlerweile erschreckend nahe gekommen.

Wir werden überwacht. Nach den Enthüllungen von Edward Snowden wissen wir das alle. Es ist erschreckend, mit welchen

Mitteln der US-amerikanische Geheimdienst NSA zusammen mit dem britischen GCHQ[3] Daten sammelt. Wir möchten an dieser Stelle herausfinden, was NSA, GCHQ, aber auch Facebook und Google über uns wissen. Und vor allem, wie sie das machen!

Im Juni 2013 begannen der britische *Guardian* und die amerikanische *Washington Post* mit der Veröffentlichung geheimer Dokumente, die sie vom ehemaligen NSA-Mitarbeiter Edward Snowden erhalten hatten. Die Bekanntmachung dieser Enthüllungen sorgte für einen Skandal, weswegen Snowden nach Russland flüchtete, um dort politisches Asyl zu beantragen.

Die entwendeten Dokumente offenbarten, dass NSA und GCHQ zusammen mit ihren Partnern jedwede Form weltweiter Kommunikation überwachen wollen.[4] Vordergründig ginge es den Geheimdiensten darum, durch diese Art der Spionage verdächtige Personen aufzuspüren, von welchen man zuvor noch keine Kenntnis hatte.

Der ehemalige NSA-Direktor Keith Alexander behalf sich im Jahr 2008 mit folgendem Vergleich:

„Statt nach einer einzigen Nadel im Heuhaufen zu suchen, sollten wir den ganzen Heuhaufen nehmen. Alles sammeln, markieren, speichern ... Was immer du brauchst, kannst du darin suchen."[5]

Die Liste derer, die ausspioniert werden, beinhaltet jedoch nicht nur Personen und Gruppen, die unsere Sicherheit und Freiheit gefährden. Sie ist umfangreicher, als uns allen lieb ist. Natürlich ist stark anzuzweifeln, dass sich die NSA im Heuhaufen lediglich auf die Terrornadeln konzentriert, wenn sie doch ganz nebenbei auch den Rest überwachen kann. Selbst wenn sich der große Teil der Menge nichts zuschulden kommen lässt, wird dieser überwacht, da er ja potenziell irgendwann verdächtig werden könnte. Präsident Obama hat bereits zugegeben, dass die NSA Milliarden von Daten sammelt und speichert. In einem Interview mit dem deutschen Journalisten Hubert Seipel nahm Edward Snowden dazu folgendermaßen Stellung:

„Jedes Mal wenn Sie telefonieren, eine E-Mail schreiben, etwas überweisen, mit einem Mobiltelefon Bus fahren oder irgendwo eine Karte durch ein Lesegerät ziehen, hinterlassen Sie eine Spur. Und die Regierung hat beschlossen, dass es eine gute Idee ist, das alles [..] zu sammeln. Alles! Selbst wenn Sie noch nie eines Verbrechens verdächtigt wurden. Üblicherweise geht der Staat zum Richter und erklärt ihm, dass jemand verdächtigt wird, ein bestimmtes Verbrechen begangen zu haben. Es gibt einen Haftbefehl und dann erst nutzen sie die Amtsgewalt für die Ermittlung. Heutzutage setzt die Regierung aber ihre Amtsgewalt ein, bevor überhaupt eine Ermittlung beginnt.“[6]

EDWARD SNOWDEN 2014

Möglich machen diese elektronische Überwachung Programme wie PRISM, XKeyscore oder Tempora. Allein von der NSA soll es zwanzig dieser Beobachtungsinstrumente geben. Und das ist nur die Zahl derer, die aktuell bekannt sind. Anhand von bestimmten Suchkriterien lassen sich aus diesen Programmen die für Nachrichtendienste relevanten Daten filtern. Ebenso ist erwiesen, dass auch der Bundesnachrichtendienst (BND) und das deutsche Bundesamt für Verfassungsschutz (BfV) XKeyscore nutzen.[7]

Geht es um Überwachung, muss allerdings zwischen der Art der aufzuzeichnenden Daten unterschieden werden. Denken wir an die DDR und ihr Spionagesystem Stasi zurück, wurden dort Telefonate belauscht oder Briefe abgefangen. Die Stasi hatte Direktinformationen über die betreffende Person. Viel wichtiger jedoch sind heutzutage die sogenannten Metadaten, die aufgrund von Programmen wie PRISM sehr effektiv gespeichert und analysiert werden können.[8] Metadaten beinhalten zunächst zusammenhanglose Informationen, zum Beispiel wann Sie wo und vor allem mit wem telefoniert haben, welche Internetseiten Sie besuchen oder die Standortdaten Ihres Smartphones. Dies sind allesamt inhaltslose Daten, geben aber umfangreichen Aufschluss, wenn man sie zusammenführt und auswertet. Aus Metadaten lassen sich gefährlich präzise Verhaltensprofile schlussfolgern. Das einzelne Individuum zählt dabei nicht mehr. So wird der Mensch transparent und sein Verhalten vorhersagbar. Für Zufall ist an dieser Stelle nur noch wenig Platz.

Im Visier der Geheimdienste

Wie konnte es so weit kommen? Warum werden wir heute rund um die Uhr überwacht? Aus amerikanischer Sicht war ein wichtiger Grund dafür der 7. Dezember 1941, der japanische Überraschungsangriff auf Pearl Harbour. Der Tag, an dem die Geschichte der USA vor einer erheblichen Zäsur stand und zugleich der Tag, an dem sich die USA entschlossen, in den Zweiten Weltkrieg einzutreten. Wie auch am 11. September 2001 hatte es im Vorfeld mehrere Hinweise auf einen drohenden Angriff gegeben, die jedoch falsch interpretiert worden waren. Um vor allem die Funkaufklärung zu verbessern, war eine Schlussfolgerung aus dem japanischen Angriff die Gründung der National Security Agency (NSA) 1952.[9] Die Anschläge vom 11. September 2001 gaben letztlich den Anstoß zur Totalüberwachung. Die Geheimdienste entschlossen sich dazu, nicht nur potenzielle Terrorverdächtige ausfindig zu machen, sondern nebenbei auch alle anderen zu überwachen. Unsere heutige Kommunikation via Internet bietet dazu selbstverständlich eine riesige Spielwiese. All das wäre sogar noch ansatzweise vertretbar, wenn dadurch verhindert werden könnte, dass es nie wieder zu solch verheerenden Anschlägen kommt. Das Problem ist jedoch, dass unsere persönlichsten Daten nicht nur NSA, BND und GCHQ auswerten, sondern auch Werbefirmen, Milliardenunternehmen wie Google und Facebook oder Krankenkassen. Welche Auswirkungen das auf unser tägliches Leben haben wird, ist bislang nur zu erahnen. Gelingt unserer Politik kein wirksames Gesetz gegen Datenschutz, steht der legitimen Totalüberwachung nichts mehr im Wege.

Dieser Keks schmeckt mir nicht

Sicherlich kennen Sie folgende Benachrichtigung Ihres Browsers beim Besuch einer bestimmten Internetseite:
„Stimmen Sie der Nutzung von Cookies zu?"
Eine im ersten Moment durchaus höfliche Nachfrage, die zurückgeht auf eine europäische Datenschutzrichtlinie aus dem Jahr 2009. Laut dieser muss der User vorher gefragt werden, ob auf seinem PC Cookies abgelegt werden sollen. Wie zuvorkommend! Gäbe es da nur nicht dieses minimale Problem, dass es als Bestätigung lediglich einen *O. K.*-Button gibt. Ich kann kein *NEIN* anklicken, nicht mal ein *JA*, sondern nur *O. K.* Was soll das heißen? *„Okay, ich habe ja sowieso*

keine Wahl! Recht herzlichen Dank für diese edle Nachfrage!" So entsteht eine ähnliche Entscheidungsfreiheit wie auf einem Wahlzettel in Nordkorea.

Aber was genau ist ein Cookie eigentlich? Der Programmierer Lou Montulli entwickelte in den frühen neunziger Jahren ein Programm, das sich merken konnte, welche Internetseiten der User besucht. Das Internet hatte ein Gedächtnis bekommen. Die Textdatei, welche Informationen über die besuchten Seiten enthält und sich auf dem Computer abspeichert, nannte Montulli *Cookie*. Einst waren wir im Internet anonym unterwegs. Die Plattformen waren von Usern für User erstellt worden. Alles war kostenlos! Man konnte machen, was man wollte, und war dabei unbeobachtet.

Heute jedoch ist das unvorstellbar. Irgendwann sind Unternehmen auf die kluge Idee gekommen, alles zu tracken, was wir im Internet so anstellen. Und sind wir mal ehrlich: Einiges davon ist nicht wirklich jugendfrei.

So ist die Vorgangsweise, Internetnutzer zu tracken, Profile von ihnen zu erstellen und an Dritte weiterzuverkaufen, zur wirtschaftlichen Goldgrube gewachsen, aus der immer weiter abgegriffen wird. Ein Rohstoffmangel ist Fehlanzeige.

Wie funktioniert das mit dem Tracking genau? Besuche ich eine Internetseite, gibt es dort eine gewisse Anzahl von Trackern, die abspeichern, dass ich mich gerade auf besagter Seite befinde. Es handelt sich quasi um eine Verknotung diverser Geschäftsstellen, die meine Daten sammeln. Diese Tracker vergleichen nun alle Seiten, auf denen ich mich vorher herumgetrieben habe, mit derjenigen, auf der ich mich aktuell befinde. Jedes Mal wenn ich online bin, finden diese Agenturen mehr über mich heraus. So ergeben sich relativ schnell erstaunliche Schnittstellen, die ein bündiges Online-Profil meiner Persönlichkeit erstellen. Sie ahnen schon: Es handelt sich natürlich auch hier um Metadaten!

Hat eine Agentur ein aussagekräftiges Profil von mir, so verkauft sie dieses an Dritte, die wiederum ein Interesse haben, mich mit komprimierter Werbung anzusprechen. Neben der Sammlung dieser Metadaten erstellen wir darüber hinaus selbstverständlich auch unsere eigenen Profile. Wir kaufen bei Amazon, sozialisieren uns auf Facebook und schauen Serien bei Netflix. Überall haben wir einen eigenen Account, den wir selbst pflegen und der uns anhand unserer eingetragenen Daten verschiedene Vorschläge präsentiert.

Amazon zum Beispiel zeigt mir beim Kauf von George Orwells *1984* an, dass mich auch der ähnlich dystopische Roman *Schöne Neue Welt* von Aldous Huxley interessieren könnte. Facebook schlägt mir vor, dass Person XY mit fünf meiner Bekanntschaften befreundet ist und ich ihr deswegen eine Anfrage schicken sollte. Und Netflix weiß, dass ich gerne *House of Cards* schaue, weswegen es mir eine Vielzahl weiterer Serien aufzeigt, die einen ähnlichen Spannungsaufbau vorzuweisen haben.

„Wer nichts zu verbergen hat, der hat auch ...

... nichts zu befürchten", sagt man jedenfalls so schön. Aber stimmt das auch? Geht es um meine Daten, dann haben diese längst nicht mehr nur Auswirkungen auf mich selbst. Natürlich geben sie meinen Online-Aktivitäten ein Gesicht, natürlich personalisieren sie mich in erschreckend exakter Weise, aber sie betreffen auch viele andere Menschen. Ich möchte auf die Frage hinaus, was in unserer Gesellschaft als *normal* akzeptiert wird und an welchem Punkt etwas Bestimmtes – sei es eine einzelne Vorgehensweise oder gar eine komplette Persönlichkeit – zum *Außergewöhnlichen* wird.

Normal zu sein bedeutet immer, dass man sich gebräuchlich, also einer gewissen Norm entsprechend verhält. Man bewegt sich demnach im verhaltensunauffälligen Bereich zweier extremer Pole. Außergewöhnlich wird es erst, wenn ich diesen Bereich nach links oder rechts verlasse. Anhand unserer Daten können NSA, Google, Facebook und Co exakte psychologische Verhaltensmuster erkennen, uns in Raster einordnen und anschließend mit dem Rest vergleichen.

Wer ist dabei normal? Wer fällt durch das Raster? Wir entscheiden dies selbst durch unsere Online-Ichs und werden dabei unbewusst zum nackten Vergleichsobjekt.

Analysieren Sie doch mal selbst Ihren Facebook-, Twitter- oder Google-Account! Haben Sie dort auch irgendwann negative Beiträge gepostet? Dass es Ihnen beispielsweise nicht gut geht, weil Sie krank sind? In der Regel nicht. Wir posten überwiegend Gutes, wie zum Beispiel das großartige Abendessen und unsere neuen Schuhe, die ein Schnäppchen waren, oder zeigen unser Haustier, das gerade ein weiteres Kunststück gelernt hat. Entsteht so wirklich ein aussagekräftiges Bild von unserer Persönlichkeit? Ist unser Online-Ich das wahre Leben? Mitnichten.

5 TIPPS ZUM SCHUTZ DER EIGENEN DATEN

Natürlich gibt es viele Möglichkeiten, sich vor der Verfolgung im Netz zu schützen. Es gibt im Internet zahlreiche, in überwiegendem Maße auch kostenfreie Software, mit der Sie sich anonym und sicher durch das Web bewegen. Bei jedem Dienst gilt jedoch, sich vorab genau darüber zu informieren. Zum Beispiel, welche Leistung das Programm anbietet und ob es mit Ihrem Betriebssystem bzw. Browser kompatibel ist.

1. Sicheres Surfen mit Ghostery

Um lästige Werbung zu vermeiden, gibt es eine Vielzahl von AdBlockern, die Sie verwenden können. In meinem Institut benutzen wir das Programm Ghostery. Das vorteilhafte an diesem AdBlocker ist die Tatsache, dass er dem User anzeigt, wie viele und vor allem welche Tracker (z. B. Werbung durch Drittanbieter, Widgets von sozialen Netzwerken, unsichtbare Tracking- bzw. Analyse-Pixel) auf bestimmten Seiten unterwegs sind. Ghostery überlässt dabei dem User selbst die Möglichkeit zu entscheiden, welche Tracker blockiert werden sollen und welche nicht. Neben der Bezeichnung des Trackers erkennt man zusätzlich noch, von welchem Unternehmen er eingesetzt wird.

2. Aufgeräumtes Surfen mit CCleaner

Bei CCleaner handelt es sich um eine Systemoptimierungs-Software. Das Programm löscht Daten von Ihrem PC, die nur Sie selbst etwas angehen. Darunter fallen zum Beispiel der Browserverlauf, Internet-Cache und Cookies sowie systembezogen aktive Anwendungen und zuletzt geöffnete oder im Papierkorb abgelegte Dokumente. Mit nur einem Klick beseitigt CCleaner diese Datenspur.

3. Anonymes Surfen mit Hotspot Shield

Anonymes Surfen ist ein Luxus aus längst vergangenen Tagen. Heute muss man schon das richtige Programm installieren, um sich vor Verfolgung zu verstecken. Ich benutze hierfür Hotspot Shield, ein IP-Verschlüsselungsprogramm, das meine Herkunft verschleiert. Das Tool arbeitet mit VPN-Technik und nutzt amerikanische Proxyserver zur Verhüllung. Fortan hält mich jede Website für einen Amerikaner. Großer Vorteil von Hotspot Shield ist die Tatsache, dass es mit allen gängigen Browsern kompatibel ist.

4. Mehr Privatsphäre mit Little Snitch

Little Snitch ist ein kostenpflichtiges Programm, das meinen Computer vor unwillkommenen Gästen aus dem Internet schützt. Es kontrolliert und überwacht Verbindungsversuche aus dem Netz und welche Daten von meinem PC an beliebige Server geschickt werden. In einer übersichtlichen Grafik zeigt mir das Tool an, wann und vor allem mit wem Daten ausgetauscht werden.

5. Testen Sie sich mit Panopticlick

Der Name dieses Online-Tests ist kein Zufall. Er geht natürlich zurück auf das panoptische Prinzip Jeremy Benthams. Denn selbst wenn Sie ein Internetnutzer sind, der seine

Privatsphäre mit Verschlüsselungs- und Säuberungstools schützt, haben Sie keine Garantie auf volle Anonymität. Denn mit dem sogenannten *Browser Fingerprint* kann jeder Computer zweifellos erfasst werden. Das funktioniert anhand von Informationen über den Prozessortyp und die Seriennummer Ihres Computers, aber auch anhand der Eigenschaften Ihres Betriebssystems oder des verwendeten Browsers. Mit Panopticlick testen Sie, wie eindeutig sich Ihre Identität zuordnen lässt.

Unter Beobachtung – das Beispiel einer Weltstadt

Flaniert ein Londoner Bürger an einem normalen Tag durch seine Stadt, so wird er in der Regel durchschnittlich von etwa 300 Kameras dabei beobachtet.[10] Weltweit gibt es kaum eine Stadt, deren Wände und Decken so viele Augen besitzen. Ob in der U-Bahn, an öffentlichen Plätzen oder im Geldautomaten um die Ecke ... Kameras sind überall und nicht nur bei der Verbrechensaufklärung, sondern bereits in Bezug auf die Verhinderung einer Straftat ein willkommenes Hilfsmittel für die Polizei. Denn das Vorhandensein einer Kamera wirkt abschreckend und soll Verstöße verhindern, bevor sie entstehen.[11] So ist auch in diesem Fall Prävention das erste und wichtigste Stichwort. Wir rufen uns diesbezüglich Jeremy Bentham mit dem Entwurf des Panopticons zurück ins Gedächtnis.

Laut einer vom *Guardian* offengelegten Studie gab es 2011 in Großbritannien etwa 4,5 Millionen Überwachungskameras. Die Bürger des Landes begrüßten diese Beobachtung aber, weil die Verbrechensrate gerade im Vereinigten Königreich enorm hoch ist. Das Mittel zu diesem Zweck nennt sich CCTV (Closed Circuit Television). Was wie ein Fernsehsender klingt, ist moderne Videoüberwachung, die mittlerweile sogar mit Bewegungs- und Gesichtserkennung sowie Speicherung aller Daten funktioniert. Wirklich geholfen haben diese Systeme den Londoner Beamten allerdings nicht. Diese sind nämlich völlig überfordert mit der Flut an Bildern. Denn in der am besten überwachten Metropole Europas kann man aus Mangel an Personal gerade einmal drei Prozent aller Diebstähle aufklären.[12]

Predictive Policing – die gute Überwachung

Ist es nicht erstaunlich, welche Methoden man heutzutage zur Verbrechensbekämpfung einsetzen kann? Das merkt man vor allem an der akribischen Vermessung des Tatorts, nach der bereits ein Zigarettenstummel oder Textilfasern zum Täter führen können. Trotzdem ist es zu diesem Zeitpunkt meist schon zu spät. Was wäre, wenn sich Straftaten voraussagen ließen, um sie zu verhindern, bevor sie begangen werden?

Laut der polizeilichen Kriminalstatistik des Bundes-kriminalamtes stieg die Zahl der bundesweiten Wohnungs-einbrüche in den letzten 15 Jahren auf einen Höchststand. Im Jahr 2014 wurden bundesweit über 150.000 Wohnungs-einbruchdiebstähle vermeldet.[13] Um diesem Anstieg entge-genzuwirken, setzen die Behörden vermehrt auf Datenbank-analysen. Dafür gibt es in Deutschland nun erste Testgebiete, in denen die Polizei mithilfe der Software Precobs (Pre Crime Observation Systems) ermittelt. Dabei handelt es sich um ein

Programm, das ausrechnen soll, wie hoch das Einbruchrisiko für bestimmte Wohngebiete ist.

Warum aber lassen sich solche Delikte eigentlich berechnen? Weil herausgefunden wurde, dass Einbrecher bestimmten Verhaltensmustern folgen. Oftmals kehren sie nämlich in das Wohngebiet zurück, in dem sie kurz zuvor bereits erfolgreich gewesen sind. Die Datenbanken, die sowohl mit mathematischen als auch kriminalpsychologischen Komponenten gespeist werden, sind also in der Lage, Wahrscheinlichkeiten eines Einbruchs in diesen bestimmten Wohngebieten zu errechnen.

Dr. Thomas Schweer, Mitentwickler von Precobs, betont jedoch, dass das System nicht den Menschen ersetze, sondern ihn lediglich unterstütze. Entscheidend sei letztlich immer noch der Polizist, der die Prognosen der Software zunächst analysieren und anschließend bestimmen sollte, ob und inwieweit die Streifenpolizeipräsenz im markierten Risikoradius erhöht werde.[14]

Beispiele aus Übersee zeigen, wie erfolgreich solch eine Kriminalitätsvorhersagesoftware eingesetzt werden kann. Das von IBM entwickelte Blue CRUSH ist 2006 zuerst in Memphis eingesetzt worden und hatte großen Anteil daran, dass die Kriminalität dort zwischenzeitlich um satte 30 Prozent gesunken ist. Erst als die Polizei sich zu sehr auf die Software verließ und an normalen Streifen einsparte, stieg die Kriminalitätsrate wieder.

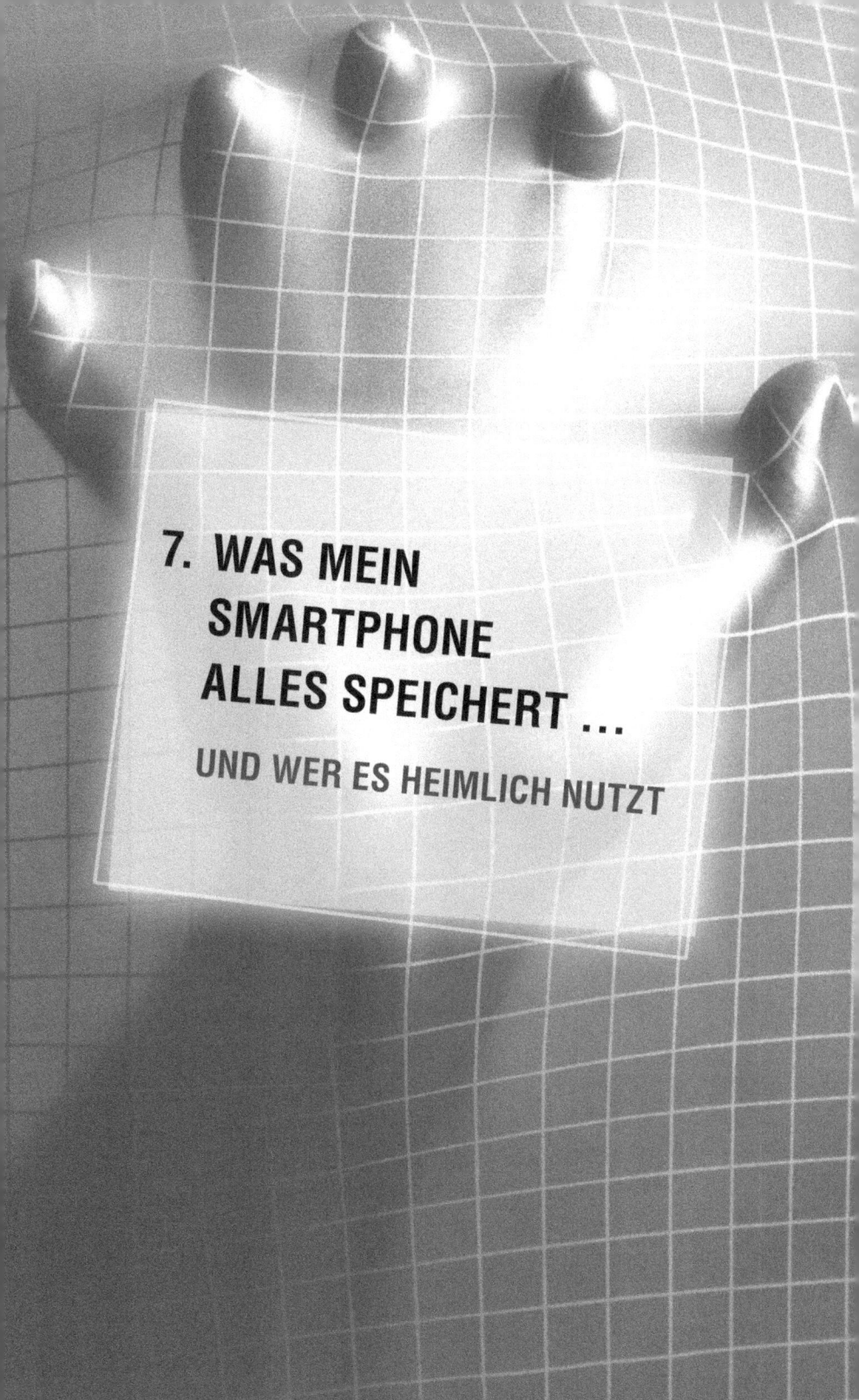

7. WAS MEIN SMARTPHONE ALLES SPEICHERT ...

UND WER ES HEIMLICH NUTZT

Wenn Sie tatsächlich wüssten, was Ihr Smartphone alles über Sie persönlich abspeichert, was mit diesen Daten gemacht wird und vor allem, wer sie für seine Zwecke nutzt, würden viele von Ihnen wohl nachts nicht mehr ruhig schlafen können. Wer sind diejenigen, die mit unseren intimsten Einzelheiten handeln und dabei ein Multimilliardengeschäft abziehen? Wie können wir uns dagegen schützen? Oder ist uns die Kontrolle längst abhandengekommen?

Wer heute kein Smartphone sein Eigen nennt, kann getrost als Exot bezeichnet werden. Im Februar 2015 besaß fast jeder zweite Deutsche schon eines dieser zwischenmenschlichen Kommunikationsinstrumente. Die Anzahl war von Januar 2009 bis heute von 6,31 Millionen Nutzern rapide auf 45,6 Millionen angestiegen.[1] Täglich benutzen wir unsere Smartphones im Schnitt sogar drei Stunden pro Tag. Das ergab eine Studie des Informatikers Alexander Markowetz von der Universität Bonn.[2]

Wenn ich morgens aufstehe, ist eine meiner ersten Handlungen der sondierte Blick auf mein Smartphone oder meine Smartwatch. Ich checke meine Nachrichten und informiere mich über Neuigkeiten aus dem Weltgeschehen. Erst dann starte ich in den Tag. Ob ich den Durchschnitt von drei Stunden pro Tag überschreite? Das wäre gut möglich. Ich habe mit diesen Geräten sehr effektive Werkzeuge an der Hand, die meinen oftmals aufregenden Alltag wirkungsvoll unterstützen. Aber bin ich jetzt süchtig, weil ich so oft mit meiner Smartwatch arbeite? Hier wären wir wieder bei der Unterscheidung von Normalität und Außergewöhnlichem. Laut der Bonner Studie sind drei Stunden die Norm. Überschreite ich diese, so komme ich in den außergewöhnlichen Bereich und könnte als süchtig bezeichnet werden. Aber was ist Sucht, die überwiegend als etwas Negatives konnotiert wird? Bin ich süchtig, wenn ich pro Tag außergewöhnlich viel Tee trinke? Schadet mir das? Ich denke nicht. Es geht immer darum, wie man mit seinen Werkzeugen umgeht. Wir sollten wieder lernen, unsere Werkzeuge uns zum Sklaven zu machen und dürfen dabei nicht Sklave unserer Werkzeuge werden!

Immer diese Gerätestreichler ...

Einer meiner Trainerkollegen echauffierte sich ganz besonders über die „Unsitten" unserer heutigen Zeit.

„Wenn ich am Flughafen stehe und auf mein Gepäck warte, dann sehe ich, wie alle nur noch herumstehen und über ihr Handy streicheln. Gerätestreichler! Überall! Früher haben die Leute wenigstens noch miteinander geredet!"

Spontan schoss mir ein Bild in den Kopf, wie Kommunikation *früher* stattfand. In öffentlichen Verkehrsmitteln wie Bus und Bahn, an Flughäfen, in Warteschlangen und Arztpraxen, ja quasi allerorten unterhielten sich die Menschen, tauschten höflich Informationen aus und erzählten wildfremden Personen, dass sie sich gerne Katzenvideos ansehen und schräge Eulenbilder auf ihrer Pinnwand posten würden. So sind wir Deutschen eben! Extrovertiert, offen, wir grüßen immer freundlich auf der Straße. Eine Schande, dass dies nun durch Smartphones zunichtegemacht wird!

Seien Sie ehrlich zu sich selbst! Haben Sie schon mal einen Anruf vorgetäuscht, um unangenehmen Gesprächen aus dem Weg zu gehen? Verstecken Sie sich auch häufiger hinter Ihrem Handy, nur um die flüchtige Bekanntschaft auf der gegenüberliegenden Straßenseite nicht grüßen zu müssen? So sind wir nämlich wirklich! Unsere kontaktfreudige Aufgeschlossenheit leben wir eher nach innen. Und ob wir uns damals hinter großen Zeitungen versteckten oder heutzutage Telefonanrufe vortäuschen, macht am Ende keinen Unterschied.

Sie sehen also, dass wir Deutschen ein kleines Völkchen sind, das zu 80 Prozent eher aus introvertierten Menschen besteht. Wir brauchten nicht erst Smartphones, um der Kommunikation vis-à-vis aus dem Weg zu gehen. Fakt ist, dass wir sie heute gerne benutzen, um die Unterhaltung mit dem Nebenmann an der Bushaltestelle zu vermeiden. Wir chatten, whatsappen, instagrammen, googeln oder suchen nach Orten. Dank dieser Geräte produzieren wir zusätzliche Daten, die für andere nutzbar sind. Und wenn Sie das nächste Mal auf den Bus warten oder am Bahnhof stehen, beobachten Sie doch mal die anderen und denken darüber nach, wie viele Massen an Daten da gerade produziert werden.

Wenn Vögel wütend werden

Im Jahr 2013 hatte der durchschnittliche deutsche Smartphone-Besitzer 28 Apps auf seinem Handy installiert. Wie Sie wohl sicher wissen, greifen viele dieser Apps auf unsere gespeicherten Daten zu und geben sie an Dritte weiter, die wir nicht kennen, die damit aber etwas anzufangen wissen. Eine der beliebtesten Apps auf dem Smartphone-Markt ist zweifelsfrei das Artilleriespiel Angry Birds. Dort werden Vögel gesteuert, deren Eier von Schweinen geklaut wurden. Einfaches Spielprinzip ist es, mithilfe einer Schleuder die Verstecke der Schweine zu bombardieren. Wurfgeschosse sind natürlich die erzürnten Vögel. Sie wollen ja ihre Eier wieder. Logisch!

So viel Spaß uns das Spiel auch bereitet: Der Schutz unserer Privatsphäre wird dadurch nicht berücksichtigt. Der finnische Hersteller von Angry Birds, Rovio Entertainment, hat nahezu uneingeschränkten Zugriff auf unsere Daten, sofern die Nutzungsbedingungen akzeptiert werden. Aber wer liest die schon? Wie gehen Sie denn mit Nutzungsbedingungen um, wenn zum Beispiel das neueste iTunes-Update von Apple kommt? Tun Sie sich diese Textberge wirklich an? Haben Sie generell schon einmal Nutzungsbedingungen gelesen? Wir stoßen in diesem Fall wieder auf die gängige Praxis des schnellen Denkens. Wir downloaden uns Angry Birds schließlich nicht, um zunächst eine halbe Stunde Geschäftsbedingungen zur Nutzung digitaler Inhalte zu lesen. Wir wollen es sofort spielen, weswegen es dem Großteil der Nutzer egal ist, welchen Praktiken sie gerade wissenslos zugestimmt haben.

Im Falle von Rovio erfahren wir, dass die Firma nicht nur Ihren Nutzernamen und Passwort, sondern auch alle Kontakte, den aktuellen Aufenthaltsort und die *UDID* (Unique

Device Identifier) Ihres Smartphones speichert.[3] Damit wissen die Finnen mehr von Ihnen als Ihr Arbeitgeber und natürlich mehr, als Sie preisgeben wollen. Anfang 2014 wurde bekannt, dass NSA und GCHQ auf diese Daten zugreifen können. Whistleblower Edward Snowden höchstpersönlich hatte dies geflüstert.

Im Grunde gilt für jede App folgendes Grundprinzip: Ist sie kostenlos, zahlen Sie mit Ihren Daten! Das ist Fakt und steht auch in den Nutzungsbedingungen. Aber ich wiederhole mich hier gerne: Wer liest schon Nutzungsbedingungen? Warum Sie dies aber dringend tun sollten, bewies das Londoner Sicherheitsunternehmen F-Secure mit einem zum Glück nicht ernst gemeinten Experiment. In viel besuchten Geschäfts- und Regierungsvierteln der englischen Hauptstadt hatte dieses Unternehmen öffentliche WLAN-Hotspots installiert und überprüft, wie viele Menschen sich ohne Durchlesen der AGBs damit verbinden würden. In nur einer halben Stunde hatten sich mehr als 250 Geräte mit diesen Hotspots verbunden, die meisten unter ihnen sicherlich automatisch. In einer Klausel der AGB hatte F-Secure unter anderem festgelegt, dass sich der Nutzer beim Akzeptieren der Nutzungsbedingungen freiwillig bereit erklärt, im Tauschgeschäft sein erstgeborenes Kind oder wahlweise das liebste Haustier an das Unternehmen abzugeben.[4] Die Probanden waren selbstverständlich geschockt. Es ist ihnen zu wünschen, dass sie die richtigen Lehren aus diesem ungestraften Fehler gezogen haben.

Warum wir alle potenziell verdächtig sind

Doch selbst wenn wir penibel darauf achten würden, nur Apps zu installieren, die uns nicht ausspionierten, sind wir heute flächendeckender Überwachung machtlos ausgeliefert. Denn im Oktober 2015 verabschiedete der Deutsche Bundestag nach Jahren heftiger Diskussionen über Sinn und Zweck sowie Recht und Unrecht die erneute Einführung der Vorratsdatenspeicherung (VDS).

Was bedeutet das für uns? Sind wir jetzt endgültig zum gläsernen Menschen geworden? Ja! Das offiziell als *Einführung einer Speicherpflicht und Höchstspeicherfrist für Verkehrsdaten* bezeichnete Paket ist nichts weniger als der legitimierte Schritt zum Überwachungs- und Sicherheitsstaat. Wieso aber wird eigentlich so etwas wie VDS benötigt? Unsere Regierung begründet die flächendeckende Speicherung von Verbindungsdaten mit der präventiven Bekämpfung von Kriminalität und Terrorismus. Daten sind schließlich ein extrem nützlicher Rohstoff, besonders unter Berücksichtigung der rasant ansteigenden elektronischen Kommunikation in den vergangenen Jahren.

Das zentrale Mittel für den heutigen Informationsaustauch sind natürlich unsere Smartphones. Welche Daten werden eigentlich wie lange gespeichert?

Zum besseren Verständnis habe ich hier eine Liste für Sie:[5]

Standortdaten der Teilnehmer aller Mobiltelefonate bei Beginn des Telefonats
Speicherzeit: 4 Wochen

Standortdaten bei Beginn einer mobilen
Internetnutzung
Speicherzeit: 4 Wochen

Rufnummern, Zeit und Dauer aller Telefonate
Speicherzeit: 10 Wochen

Rufnummern, Sende- und Empfangszeit aller
SMS-Nachrichten
Speicherzeit: 10 Wochen

Zugewiesene IP-Adressen aller Internetnutzer sowie Zeit
und Dauer der Internetnutzung
Speicherzeit: 10 Wochen

Wie Sie erkennen können, handelt es sich ausschließlich um
Metadaten. Inhalte der Kommunikation werden derweil nicht
gespeichert. Doch wie Sie bereits erfahren haben, geben eben
diese Metadaten solch detailgenaue Informationen über uns
preis, dass letztlich kein signifikanter Unterschied zu Inhalten
mehr vorhanden ist. Egal, was wir gerade machen und wo wir
das tun, wen wir anrufen oder wem wir eine SMS schreiben,
wie lange wir damit beschäftigt sind und mit welchem Instrument wir dies erledigen: Der Staat bekommt es mit und kann
aus sämtlichen Daten ein umfassendes Bild von uns erstellen.
Darf man so etwas akzeptieren?

Kriminalitäts- und Terrorismusbekämpfung ist ein edler
Grund für die VDS, sofern diese allerdings nur dafür eingesetzt würde. Tatsache ist allerdings eine anlasslose und

flächendeckende Bewegungsvermessung sämtlicher Bürger! Dies widerspricht ganz eindeutig einem wichtigen Grundprinzip von rechtsstaatlichen Strafverfahren: der Unschuldsvermutung! Wie soll der Grundsatz der UN-Menschenrechtscharta *in dubio pro reo* noch Bestand haben, wenn wir plötzlich alle schon zu potenziell Verdächtigen geworden sind?

Die VDS würde sich zumindest ein wenig mehr legitimieren, hätte sie auch einen nachweisbaren Nutzen im Kampf gegen den Terrorismus. Dieser ist zwar festzustellen, mit einem mickrigen Prozentsatz von nur 0,006 Prozent Steigerung der Aufklärungsquote von Straftaten jedoch mehr als zu vernachlässigen.[6] In einfachen Worten: Die VDS wird nicht dazu beitragen, dass das Risiko von Terroranschlägen sinkt! Vielmehr könnte sie aber helfen, kleinere Vergehen wie illegalen Datenaustausch oder Betrugstelefonate zu bekämpfen. Keine Frage: Betrüger, die vor allem älteren Menschen per Telefon oder an der Haustür das Geld aus der Tasche ziehen, sind verwerflich. Sie sind aber kein Grund für die flächendeckende Sammlung telekommunikativer Daten, und sei es auch nur auf Zeit.

Früher fand eine derartige Überwachung nur partiell statt. Heute wird aber jeder Bürger durchleuchtet, sei er auch noch so friedliebend und gewaltlos. So wissen wir zwar immerhin, dass wir durchgehend verfolgt werden. Wir wissen jedoch nicht, wann und vor allem warum diese Daten irgendwann abgerufen werden.

Und wie könnten wir uns dagegen wehren? Im Grunde gar nicht, außer wir verzichten fortan auf jedwede Kommunikationsmittel, entfliehen der modernen Welt und wohnen ab sofort im laotischen Dschungel. Würden wir nicht gerade dann umso mehr in den Fokus von Geheimdiensten geraten? Wer nichts von sich preisgibt, muss schließlich etwas zu verbergen haben.

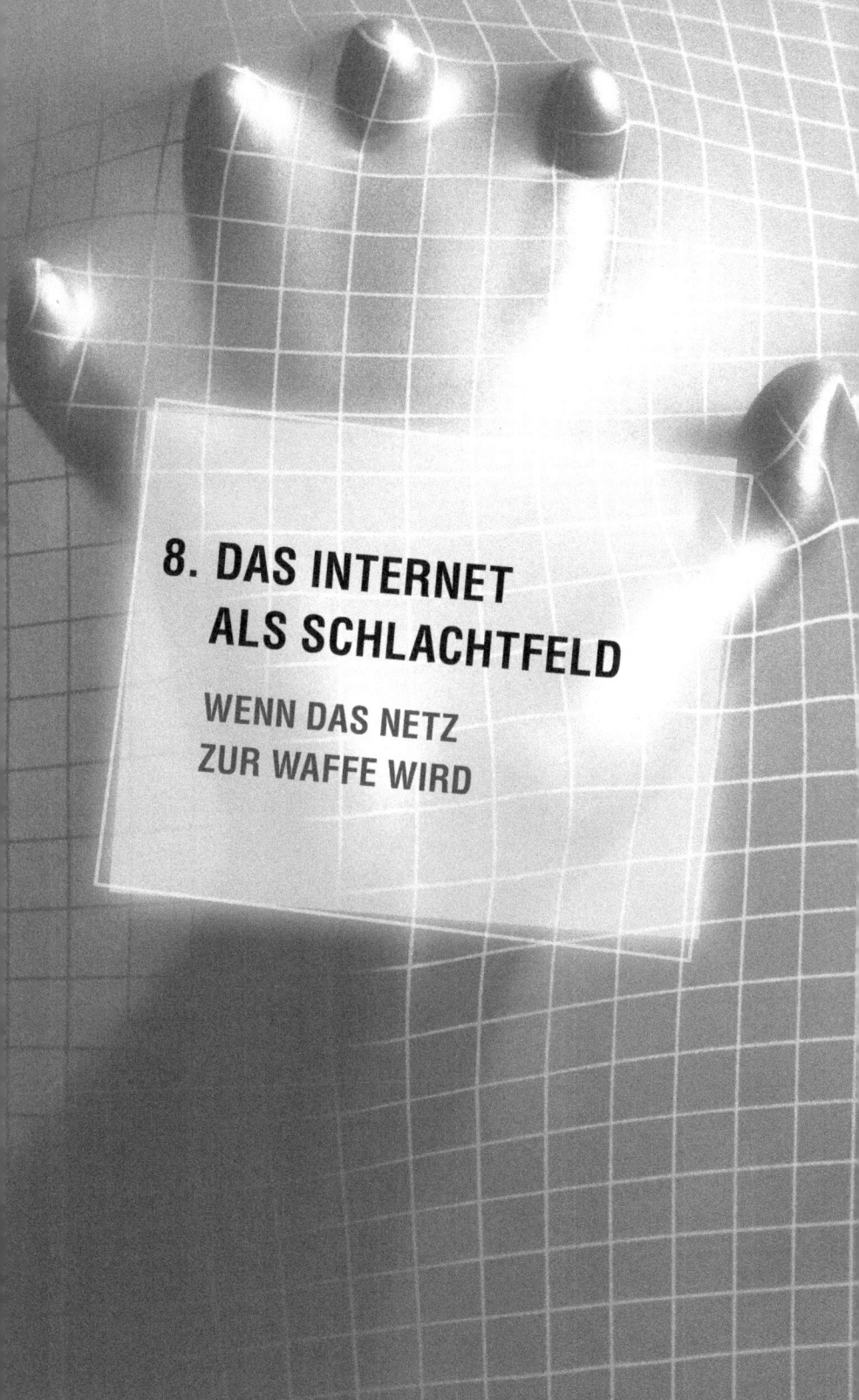

8. DAS INTERNET ALS SCHLACHTFELD

WENN DAS NETZ ZUR WAFFE WIRD

Das Internet wird zur Waffe. Wir wissen das durch die Enthüllungen von Edward Snowden. Die Offenlegung zahlreicher geheimer NSA-Dokumente enthüllte schockierende Informationen darüber, welche Macht die Geheimdienste haben und mit welchen Mitteln sie ihr Know-how gegen andere Staaten einsetzen.

Zweifellos zählt Deutschland zu den führenden Industrienationen der Welt. Geht es jedoch um die Gefahr von Cyberattacken, so sind wir extrem gefährdet, wie es mein guter Freund und Berater, der Profi-Hacker und Sicherheitsexperte Götz Schartner in einem Fernsehinterview offengelegt hat. Seiner Meinung nach *„sind wir [digital] schon lange im Krieg. Staatliche Organisationen greifen unsere Wirtschaft an und stehlen Informationen"*[1].

Cyberattacken sind gezielte Angriffe auf die Computernetzwerke großer Infrastrukturen. Dabei geht es nicht mehr nur um Datenspionage, sondern darum, einem Kontrahenten bewusst zu schaden. Beispielsweise ist es möglich, mit nur einem gezielten Schlag komplette Industriestränge zu sabotieren. Andere Szenarien hätten nicht nur auf die Wirtschaft, sondern unmittelbar auf unser tägliches Leben Einfluss. Stellen Sie sich vor, ein Anschlag würde unsere Wasser- und Stromversorgung lahmlegen? Die Folgen wären noch nicht auszudenken, aber in jedem Fall fatal.

Möglich macht diese zunehmende Anfälligkeit für Cyberattacken die sich stetig verbreitende Vernetzung der Wirtschaft, ein Prinzip, das wir bereits als Industrie 4.0 kennengelernt haben. Im Hinblick auf die Zukunft erwies sich die Möglichkeit, immer mehr industrielle Stränge miteinander zu verzahnen, als erfolgreiches Modell. Aber was fördertechnisch Segen ist, kann sicherheitsbedingt Fluch sein. Greift man diese Industrie 4.0 gezielt an, stört sie und legt sie lahm, entstehen nicht nur Schäden in Millionenhöhe, sondern sind auch Menschenleben in Gefahr.

Der Begriff *Cyberwar* umfasst mehrere Anwendungsfelder:

Spionage bedeutet Infiltration in geschlossene Computersysteme, um Informationen über den Kontrahenten zu gewinnen. Besonders verbreitet ist Spionage im Bereich der Wirtschaft. Hauptzweck der Informationsgewinnung ist generell die Absicht, sich gegenüber dem Konkurrenten einen Vorteil zu verschaffen, sei es etwa durch den Zugriff auf fremde Forschungsergebnisse oder das Unterbieten diverser Ausschreibungen. Edward Snowden hat die NSA ebenfalls beschuldigt, Wirtschaftsspionage betrieben zu haben. *„Wenn es etwa bei Siemens Informationen gibt, die dem nationalen Interesse der Vereinigten Staaten nutzen – aber nichts mit der nationalen Sicherheit zu tun haben –, dann nehmen sie sich diese Information trotzdem."*[2]

Eine nächste Möglichkeit von Cyberwar ist **Social Engineering**, was auch als *soziale Manipulation* bezeichnet wird. Sie kennen dieses Prinzip, auch wenn Sie es zunächst sicher nicht mit dem Begriff Cyberwar verbinden würden. Es handelt sich hierbei um fingierte Telefonanrufe, um beispielsweise bei Mitarbeitern eines Unternehmens vertrauliche Informationen zu erhalten. Der Social Engineer ruft bei diesen Mitarbeitern im Büro an und gibt sich als Techniker der Firma aus. Seine Vorbereitung auf den Anruf, der unter anderem tägliches Bürogerede und Firmeninterna beinhaltet, ist vorbildlich und hilft bei der Manipulation.

„Denial of Service"-Attacken stören oder unterbrechen feindliche Systeme. Ein bestimmter Dienst, der eigentlich verfügbar sein sollte, ist plötzlich nicht mehr aufrufbar. Ein Beispiel aus den vergangenen Jahren ist unter anderem die Störung der Website der Stadt Frankfurt im Rahmen der damaligen Blockupy-Proteste durch das Internetphänomen Anonymous.

Materielle Angriffe auf Hardware umschließen die Zerstörung, Sabotage oder das Ausschalten feindlicher Hardware.

Welcome to Cyberwar

Was haben der Kosovo, Estland und Iran gemeinsam? Sie alle wurden Opfer digitaler Anschläge, die ich im Folgenden näher erläutern möchte. Michel Foucault bezeichnete die Politik einst als *„Fortsetzung des Krieges mit anderen Mitteln"*. Der Begriff Cyberwar hat diese Aussage verinnerlicht. Wenn nicht aus religiösen, dann geschieht Krieg nämlich aus politischen Gründen. Und was, wenn kein kriegerischer Angriff auf das Cyberspace, ist Cyberwar?

Laut Meinung einiger Fachautoren gilt der Kosovokrieg 1999 als erste große Auseinandersetzung zweier Staaten, die sich mit entsprechend modernen Kriegsmitteln bekämpften. So wurden beispielsweise vonseiten der NATO serbische Luftabwehrsysteme durch hochfrequente Mikrowellenstrahlung manipuliert und ausländische Bankkonten von Präsident Slobodan Milosevic sabotiert.[3] Wichtig war nicht mehr der Sieg auf dem Schlachtfeld, sondern die Manipulation des Gegners.

Im Jahr 2007 gelang erstmals ein erfolgreicher Großschlag auf eine gesamte Nation. Am 27. April hatten die Internetangriffe auf das baltische Estland begonnen. Betroffen waren dabei das estnische Parlament, Banken, Polizei und Rundfunkanstalten. Sie waren gar für mehrere Tage lahmgelegt. Es handelte sich hierbei um eine beispiellose DoS-Attacke (Denial of Service). Die Angriffe waren so gut organisiert und verschleiert, dass estnische Behörden wie das CERT (Computer Emergency Response Team) lange Zeit im Dunkeln tappten.[4] Erst zwei Jahre später bekannte sich die Naschi, eine russische Kreml-Jugendorganisation zu den Internetangriffen. Ihr damaliger Kommissar Konstantin Goloskokow sagte dazu: *„Ich würde es nicht eine Cyberattacke nennen. Es war eine Cyberverteidigung."*

Grund der Sabotage war die Verlagerung eines sowjetischen Kriegerdenkmals aus dem Zentrum Tallinns auf einen Militärfriedhof. Dies hatte im April 2007 schwere Ausschreitungen in der estnischen Hauptstadt zur Folge.[5] Angeblich war der Kreml nicht involviert. Die Jugendorganisation hätte auf eigene Initiative hin gearbeitet.

Im Jahr 2010 ist schließlich die medial bislang wirksamste Cyberattacke aufgedeckt worden. Es handelte sich um einen Computerwurm namens *Stuxnet*, der speziell für Überwachungs- und Steuerungssysteme der Firma Siemens entworfen worden war. Diese sogenannten Frequenzumrichter dienen im Allgemeinen dazu die Steuerung von Motoren anzuordnen. Die als Simatic S7 bezeichnete Automatisierungstechnik kommt in der Regel in Industrieanlagen wie beispielsweise Wasserwerken zum Einsatz. Spätestens im Herbst 2007 wurde begonnen, diese Anlagen mit der Schadsoftware zu infizieren. Das Virus, welches wohl per USB-Stick in die Systeme gelangt war, begann im Folgenden mit dauerhaften Störungen, womit die sensiblen Maschinen gestresst reagierten. Sie blockierten und verschlissen stückweise, ohne dies jedoch dem jeweiligen Betreiber zu melden. Immer wieder stoppten die Zentrifugen auf mysteriöse Weise. Die zuständigen Ingenieure waren ratlos. Besonders betroffen von diesen Angriffen war der Iran, der bis Ende 2010 die größte Anzahl beschädigter Systeme gemeldet hatte. Es war dabei zu unvorschriftsmäßigen Beeinträchtigungen im iranischen Atomanreicherungsprogramm gekommen.

Durch einen Artikel in der *New York Times* ist später bekannt geworden, dass die Schadsoftware eine gezielte US-amerikanische Kampagne gegen die iranische Urananreicherungsanlage in Natanz sowie das Kernkraftwerk Buschehr war. Das vom damaligen iranischen Präsidenten als außenpolitisches Druck-mittel eingerichtete Urananreicherungsprogramm hatte die In-stallation von etwa 6.000 Zentrifugen zum Ziel. Dies sollte den technischen und militärischen Fortschritt des Landes zeigen.

Besonders diese drei Beispiele zeigen, dass der virtuelle Krieg nicht mehr nur eine Erzählung von Tom Clancy oder ein weite-res Abenteuer von James Bond ist. Er ist Realität geworden und befindet sich weiterhin auf dem Vormarsch. Wie gut aber sind wir geschützt vor solchen Angriffen? Welche Vorkehrungen hat die deutsche Politik getroffen, sollte es zum Ernstfall kommen?

„Die Welt steht auf dem Kopf"

Das Problem beginnt damit, dass gerade hoch entwickelte In-dustrienationen besonders gefährdet sind. Der oberste deutsche Verfassungsschützer Hans-Georg Maaßen zeigte sich besorgt und forderte vermehrte Prävention gegen derartige Angriffe. Fernerhin stellte er fest, *„dass die Realwelt durch das Internet in Teilen auf den Kopf gestellt wird"*. Dies begründete er in der Tatsache, dass selbst kleinste Organisationen oder technisch nur mäßig entwickelte Länder wie beispielsweise Nordkorea verheerende Schäden mit Cyberattacken bewirken könnten. Im Gegenteil dazu ist es kaum möglich, diesen Gegnern der west-lichen Welt durch das Netz zu schaden, da ihnen schlichtweg die Infrastrukturen fehlen.[6]

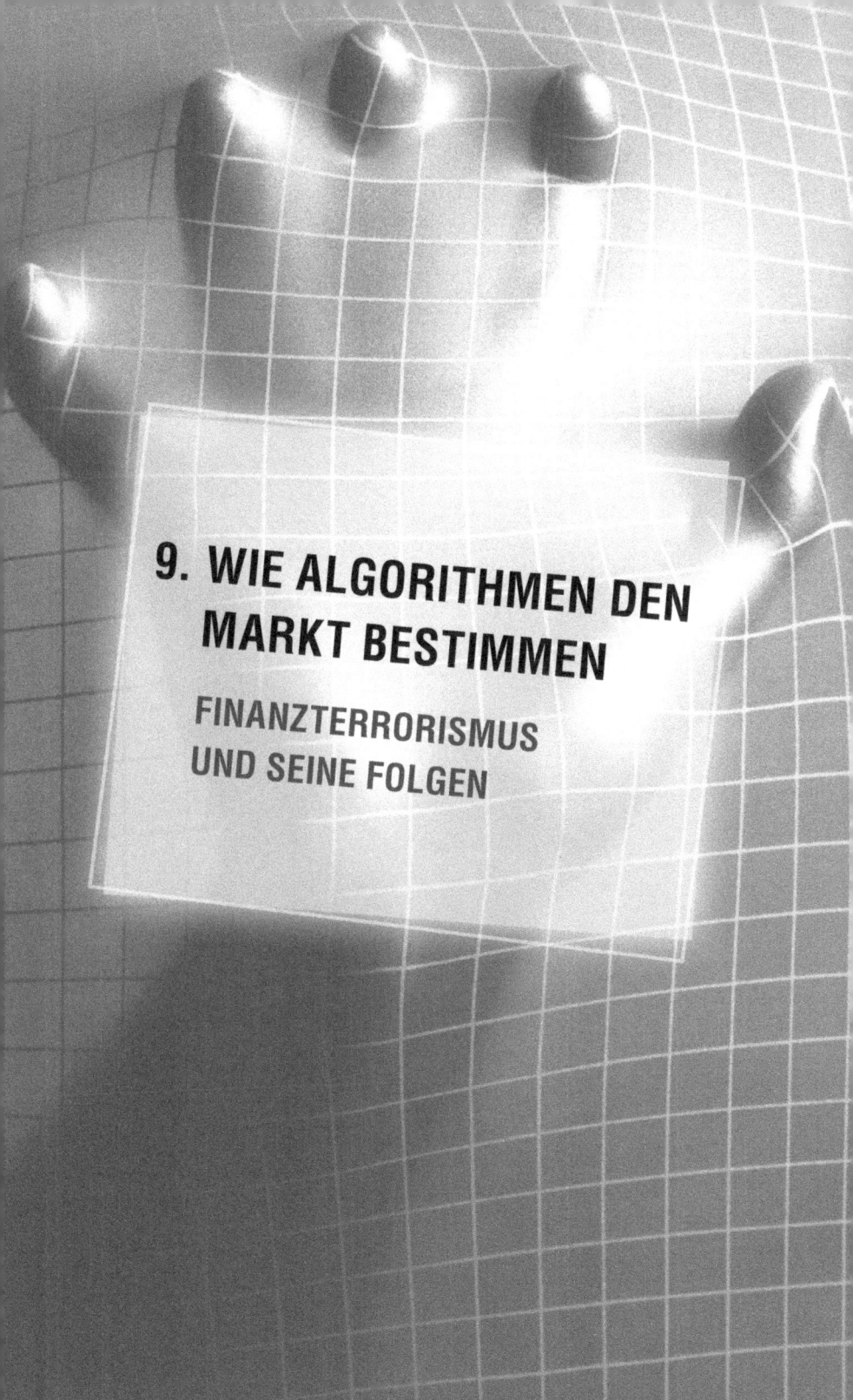

9. WIE ALGORITHMEN DEN MARKT BESTIMMEN

FINANZTERRORISMUS UND SEINE FOLGEN

Der technische Fortschritt hat die Finanzbranche verändert. Alles geht immer schneller vonstatten und wird dadurch nicht gerade übersichtlicher. Welche Gefahren das für unsere ohnehin nicht durch Stabilität bekannten Aktienmärkte mit sich bringt, erfahren Sie in den folgenden Ausführungen.

Wir alle kennen sie noch, die Bilder aus den späten siebziger und vor allem aus den achtziger Jahren. Der Computer hatte die Börse erobert. In riesigen Hallen konnte der Besucher das geordnete Chaos von mehreren Tausend Brokern beobachten, die wie Ameisen über ihre Hügel flitzten, emsig in ihre PCs tippten und manchmal wild gestikulierend, manchmal euphorisch telefonierten. An der New Yorker Börse gab es zu dieser Zeit etwa 5.000 Mitarbeiter pro Halle. Sie alle waren hervorragende Experten auf ihrem Gebiet. Sie beherrschten die außerordentliche Kunst, in die Untiefen des Aktienmarktes einzutauchen, um in diesen die vielversprechendsten Wertpapiere zu lokalisieren. Jene Spezialisten entschieden über Angebot und Nachfrage.

Die New York Stock Exchange (NYSE), auch besser bekannt als Wall Street, ist die größte Aktienbörse der Welt. Pro Tag tauschen etwa sieben Milliarden Wertpapiere ihren Besitzer.[1] Heute sind die meisten Hallen geschlossen. Das liegt nicht an der Krise unserer Finanzmärkte, sondern an der zunehmenden Digitalisierung. Mehr als zwei Drittel des amerikanischen Wertpapierhandels werden nur noch auf elektronischem Weg vollzogen. In Deutschland sprechen wir von ungefähr 40 Prozent, die auf dem sog. Highspeed-Handel basieren.[2] Lediglich bei Systemausfällen oder wichtigen Nachrichten greifen die Makler selbst ein. Ansonsten überwachen sie die Vorgänge und lassen ihre Computer arbeiten. Deren Algorithmen sind es nämlich, die heutzutage aufgrund von Nachrichtenmeldungen über Kauf und Verkauf eines Wertpapieres entscheiden. Durchgehend suchen sie das Internet nach neuen Nachrichten ab.[3] Dies machen sie dabei in einer Geschwindigkeit, die nach Maßstäben des vernünftigen Menschenverstands einfach nicht mehr vorstellbar ist: Die Algorithmen handeln innerhalb von Pikosekunden (0,000 000 000 001 Sekunden).[4]

Die Allgegenwärtigkeit der Algorithmen

Was genau sind diese Algorithmen, denen wir in so vielen Fällen schier blindes Vertrauen schenken? Algorithmen begleiten uns mittlerweile auf Schritt und Tritt. Sie bestimmen unseren Alltag, obwohl uns das zumeist gar nicht mehr auffällt. Selbst in diesem Moment, in dem ich gerade meine Zeilen tippe, arbeitet der Algorithmus für Rechtschreib- und Satzbaukontrolle im Hintergrund. Er wartet nur darauf, mich zu belehren!

Vereinfacht ausgedrückt ist ein Algorithmus eine unmissverständliche Instruktion, wenn es darum geht ein Problem zu lösen. Ein Algorithmus ist die Vorgehensweise für eine bestimmte Handlung. Er besteht dabei aus zwei essenziellen

Fragen: Was wird benötigt? Wie wird das Problem gelöst? In unzählbar vielen Einzelschritten beantwortet der Algorithmus beide Fragen zuverlässig.

Diese Vorgehensweise ist in etwa vergleichbar mit der Bauanleitung für ein Regal. Es gibt einen vorgeschriebenen Weg von Punkt A nach Punkt Z. Befolge ich ihn richtig, führt das zur Lösung meines Problems.

Was in unserem Beispiel vereinfacht dargestellt wurde, ist in Wirklichkeit jedoch viel komplexer. Ziehen wir hierzu nur mal die zuverlässige Arbeit eines Navigationsgeräts zu Hilfe. Will ich von Punkt A nach Punkt Z, dann gibt es hierfür eine Vielzahl an Möglichkeiten. Unser Navi im Auto berechnet innerhalb kürzester Zeit mithilfe von nur noch schwer fassbaren Algorithmen den schnellsten Weg, um an das Ziel zu gelangen. Dabei arbeitet es mit fortgeschrittener Mathematik, macht Vorhersagen und berechnet Wahrscheinlichkeiten.

Übertragen wir dieses Modell nun wieder zurück auf die Aktienmärkte:

Schon ohne Algorithmen fällt es uns schwer, diese Märkte zu verstehen. Nun stoßen auch Börsenmakler an ihre Grenzen. Grund dafür ist selbstverständlich die Datenflut. Es gibt schlichtweg zu viele Nachrichten, die den Handel beeinflussen. Durch die Einführung des Highspeed-Tradings haben sich die Börsen jedoch an die neuen Gegebenheiten der sich stetig vermehrenden Datenmengen angepasst.

Ob eine Nachricht positiv oder negativ ist, ob sie also den Wert einer Aktie steigen oder fallen lässt, indem entweder verkauft oder gekauft wird, entscheiden heute Algorithmen. Sie machen das mithilfe von bestimmten Schlüsselbegriffen, nach denen die Nachrichtenwelt im Sekundentakt abgegrast wird. Mehr oder weniger leisten sie damit die gleiche Arbeit wie die früheren Trader, nur ein paar Billionen Mal schneller. Das große Problem hierbei ist jedoch, dass Algorithmen nicht entscheiden können, ob eine Aussage wahr oder falsch ist. Computer können heute noch so klug sein. Wenn es aber darum geht, Fälschungen oder auch rhetorische Stilmittel wie Ironie oder Sarkasmus zu erkennen, sind sie erschreckend schlecht.

Welche verheerenden Folgen es haben kann, sich ausschließlich auf Algorithmen zu verlassen, wurde im Jahr 2013 zumindest im Ansatz deutlich. Damals hatten Hacker die Website der Nachrichtenagentur AP gehackt und auf deren Twitter-Profil folgende Falschmeldung gepostet:

> Breaking: Two Explosions in the White House
> and Barack Obama is injured.

Nur 30 Sekunden nach Veröffentlichung dieser Meldung war der gesamte Dow-Jones-Index um 146 Punkte abgesackt. Ratlos standen die Makler vor ihren Computern und beobachteten den Niedergang im Sekundentakt. Die automatischen Systeme hatten aufgrund der Falschmeldung plötzlich verkauft. Bis AP meldete, dass es sich um eine falsche Nachricht gehandelt habe, vergingen nur eineinhalb Minuten. Dieser Zeitraum war jedoch lange genug, um den Index in die Verlustzone fallen zu lassen. Anschließend wechselten die Systeme wieder von *Verkaufen* zum Befehl *Kaufen* zurück. Der Markt hatte sich also ebenso schnell wieder reguliert, wodurch der Spuk ein schnelles Ende fand.

Der Flash Crash 2010

In vorherigem Fall ist die New Yorker Börse noch glimpflich davongekommen. Einen deutlich massiveren Absturz erlebte der Dow-Jones-Index am 6. Mai 2010:

Es ist ein normaler Tag, an dem man hauptsächlich die Eurokrise um Griechenland verfolgt.

Am frühen Nachmittag beginnt der Index langsam, aber stetig um 200 Punkte zu sinken. Anfangs sind die Experten noch wenig besorgt. Die Minuten vergehen und mit zunehmender Fortdauer des Sinkkurses wird es immer unruhiger an der Börse. Ein Live-Reporter von *CNBC* spricht gar von Angst und Kapitulation.[5] Panik bricht aus! Mittlerweile ist der Index schon um 875 Punkte gesunken. Als Auslöser werden die europäischen Banken vermutet. *„Zwei Jahre zuvor Lehman Brothers, jetzt also Europa! Das war doch abzusehen."* Dann beginnt auch die Aktie Procter & Gamble, ein ansonsten zuverlässiger und sehr beständiger Blue Chip, zu sinken. Sie verliert innerhalb weniger Minuten 24 Prozent ihres Werts. Währenddessen setzt sich der Niedergang des Dow Jones fort. Er hat nun schon über 1.000 Punkte verloren. Die Reporter sind ratlos und verwirrt. Sie reden alle durcheinander, bis einer von ihnen nachdrücklich betont: *„Offensichtlich sind die Systeme zusammengebrochen! Anders kann ich mir das nicht erklären."*

In nur zehn Minuten waren an der New York Stock Exchange über eine Billion Dollar zunichtegemacht worden. Es war der größte Verlust innerhalb eines Tages in der Geschichte der Wall Street. Aber auch in diesem Fall erholte sich der Markt relativ schnell. So rasch der Tornado durch die Börse geweht war, so rasch erholte sie sich wieder von ihm.

Erst 2015, also ganze fünf Jahre später, wurde mit den Ermittlungen wegen Verdachts auf bewusste Manipulation begonnen. Ein Londoner Daytrader soll mit Hochfrequenz-Transaktionen massenhaft Verkaufsaufträge angefordert haben, nur um sie sofort danach wieder zu annullieren. Die dauerhafte Stornierung der Kaufaufträge, die selbstverständlich durch ein Computerprogramm bewerkstelligt wurde, hatte schließlich den sogenannten Flash Crash zur Folge.

Das fragile Konstrukt des Highspeed-Tradings

Kenny Polcari arbeitet seit 1980 an der Wall Street. Vom Papierträger ist er in den über 30 Jahren mittlerweile zum *Director of Floor Operations* aufgestiegen. Die Computer haben seinen Arbeitstag komplett verändert. Aus dem unruhigen Ameisengetümmel hat sich seitdem eine nahezu bewegungslose und ruhige Algorithmen-Landschaft gebildet. Polcari findet dies allerdings extrem bedenklich: *„Wenn man den Flash Crash [...] miterlebt hat, erkennt man, dass eines Tages noch viel mehr passieren könnte. Wir müssen den Fortschritt der Technik jetzt eindämmen und ihm Bremsen anlegen!"*[6]

Kenneth Polcari ist ein erfolgreicher Broker, der heute allerdings nicht mehr viel zu entscheiden hat. Diese maßgebende Aufgabe haben ihm nun die Algorithmen abgenommen. Gerade die Falschmeldung von 2013 hält er für besorgniserregend. Früher hätte nämlich noch eine Person über den Wahrheitsgehalt dieser Aussage entschieden. Sie hätte die Nachricht per Telefon verbreitet, wodurch die Märkte niemals so schnell eingebrochen wären. *„Die heutige Vorgehensweise ist leicht erklärt: Erst schießen, dann fragen!"*

Doch was sind die Folgen von Finanzterrorismus? Was passiert, wenn die fragilen Systeme vollends kollabieren und nicht mehr aufgehalten werden können? In dieser Hinsicht kann Polcari nur mutmaßen: *„Wird die ganze Welt darunter leiden, wenn das System außer Kontrolle gerät, weil alles vernetzt ist? Werden auch der europäische und asiatische Markt beeinflusst, weil alles so schnell passiert? Das beunruhigt die Leute und deswegen redet man auch von Finanzterrorismus. Es geht nicht um Hacker, die auf Bankkonten zugreifen, sondern um Finanzterrorismus an Kapitalmärkten der ganzen Welt."*

Die Beispiele aus diesem Kapitel zeigen, wie instabil Finanzmärkte sind und wie vor allem der nahezu fahrlässige Umgang mit Algorithmen dafür verantwortlich sein kann, dass auch die deutsche Wirtschaft oder die Weltwirtschaft allgemein innerhalb von nur ein paar Minuten enorm an Wert verlieren können.

In der Tat benötigen wir Politiker, die helfen, Rahmenbedingungen zu erstellen, durch welche wir vor derartigen Angriffen und Wertverlusten geschützt werden. An dieser Stelle mache ich mir allerdings noch große Sorgen. Denn wenn man den Großteil der gewählten Vertreter unseres Landes betrachtet, hat man bei vielen das Gefühl, dass für sie selbst noch ein 14.400er-Modem „#Neuland" ist.

Die gute Nachricht ist jedoch, dass sich die Märkte in den hier beschriebenen Beispielen sofort wieder erholt haben. Wer also langfristig in Aktien investiert hat, wird sich aller Voraussicht nach keine Sorgen machen müssen. Für kurzfristige Geldanlagen ist es schon gut und für Sie ein großer Vorteil, dass Sie dieses Kapitel gelesen haben. Denn dadurch wissen Sie nun, dass Sie nicht auf jede unnatürlich erscheinende Reaktion am Markt auch gleich und direkt reagieren müssen.

Grundsätzlich müssen Sie sowieso immer selbst entscheiden, ob Sie Ihre Finanzen in einem Risikomanagement anlegen. Dann sind Sie bei Aktien mit großen Chancen, aber auch absolutem Wertverlust genau richtig!

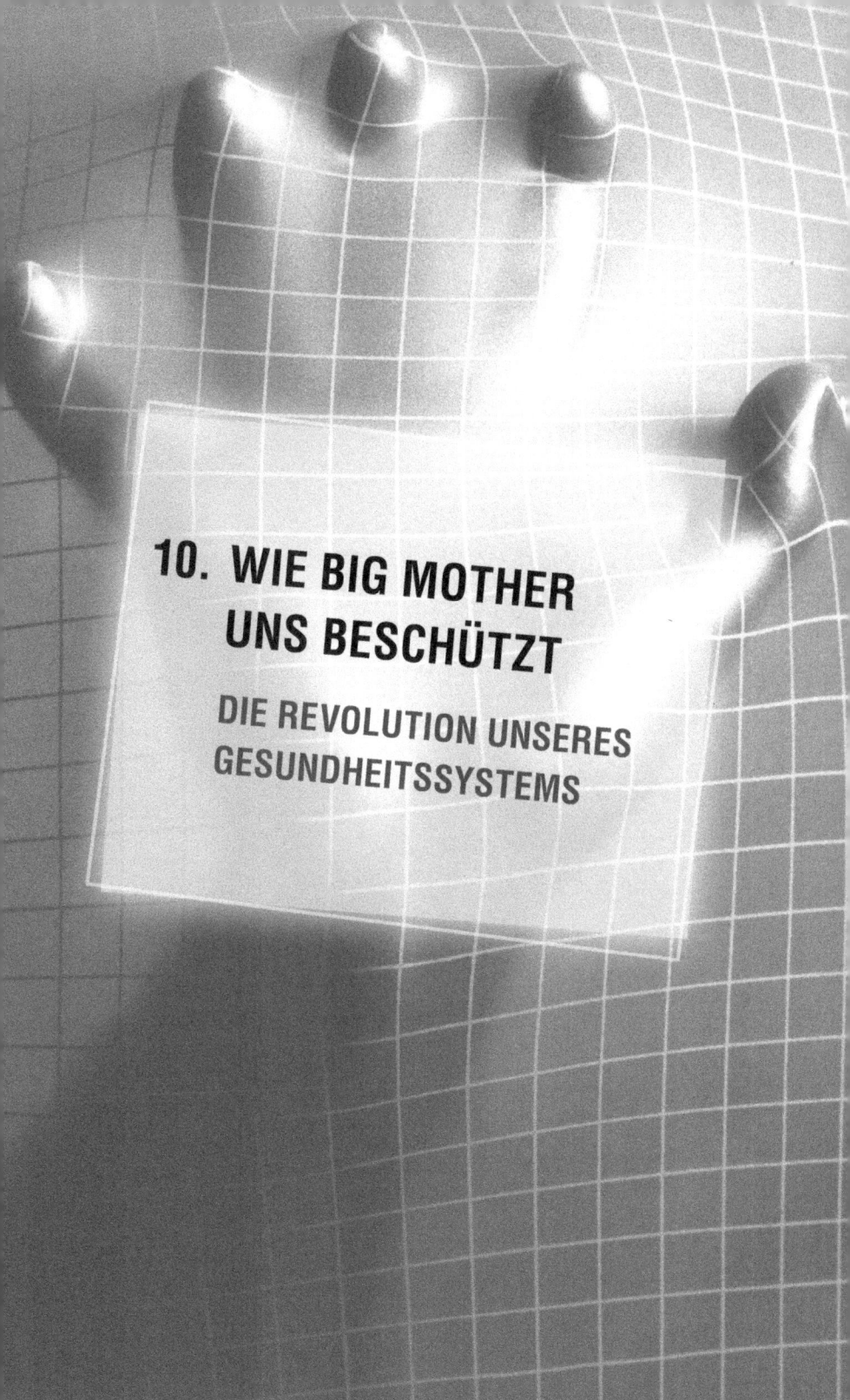

10. WIE BIG MOTHER UNS BESCHÜTZT

DIE REVOLUTION UNSERES GESUNDHEITSSYSTEMS

Sich seine Zigarette reinziehen, schön tief auf Lunge rauchen, eine nach der anderen, weil es so gut schmeckt. Sich einfach mal auf der Party die Nase dicht koksen und richtig Spaß haben. Im Anschluss ein wenig Fast Food für den kleinen Hunger, zwei köstliche Bier hinterher und ab vor die Glotze. Also: In uns reinstopfen, worauf wir gerade Lust haben, und dabei gesund bleiben, weil die moderne Medizin ja immer mehr zu leisten imstande ist! Ist das vielleicht die Zukunft unseres neuen Gesundheitssystems?

So wird diese Revolution sicher nicht vonstattengehen. Kaum etwas ist uns wichtiger als die persönliche Gesundheit. Ständig versuchen wir sie aufzubauen, zu pflegen und wiederherzustellen. Gesundheit ist der Megatrend unserer Generation und aus diesem Grund einer der vielversprechendsten Wachstumsmärkte für Big-Data-Innovationen. Denn mithilfe von genauen Analysen, endlosen Datenbanken und fortschrittlichen Wahrscheinlichkeitsrechnungen ergeben sich für das Gesundheitswesen noch nie zuvor da gewesene Möglichkeiten. Durch digitale Prozesse im Hintergrund können wir heute und vor allem zukünftig Krankheiten behandeln, die zuvor als unheilbar galten.

Dr. John Snow und die Broad-Street-Pumpe

Es ist Ende August im Londoner Stadtteil Soho. Die Sonne strahlt vom Himmel und in den Straßen herrscht reges Treiben. Nichts deutet darauf hin, dass sich eine Katastrophe anbahnt, die mehrere Hundert Tote nach sich ziehen wird. Im Laufe des Tages jedoch zeigen plötzlich immer mehr Menschen beängstigende Krankheitssymptome. Sie haben Brechdurchfall, dehydrieren, haben Herzrasen und fallen schließlich ins Koma.

Wir befinden uns im Jahr 1854 und in Soho ist die Cholera ausgebrochen. Innerhalb der ersten Tage sterben bereits mehr als 100 Menschen. Viele Bewohner verlassen ihre Häuser nur noch im Notfall oder flüchten gar aus dem Viertel. Trotzdem zählt die Epidemie an ihrem Ende, nur wenige Wochen nach dem Ausbruch, 616 Tote.[1] Der englische Mediziner Dr. John Snow arbeitet während der Seuche fieberhaft an ihrer Bekämpfung. Entgegen der damaligen allgemeinen Annahme, dass sie sich durch Luftpartikel überträgt, vertritt er die Meinung, dass Cholera aus Wasserverschmutzung resultiert.[2] Aber wie soll Snow das beweisen, vor allem wenn ihm niemand glaubt?

Zusammen mit dem Pastor Henry Whitehead begibt er sich in Soho auf Spurensuche. Zunächst gehen beide von Haus zu Haus und sprechen mit den Bewohnern. Aufgrund der recherchierten Trinkgewohnheiten fällt ihr Verdacht schnell auf die lokale Wasserquelle in der Broad Street. Doch die chemische und mikroskopische Untersuchung einer Wasserprobe kann Snows und Whiteheads These nicht belegen. Sie brauchen mehr Daten, weswegen sie die Geografie der Todesfälle kartografieren und mit den Trinkgewohnheiten der Bewohner vergleichen. So können beide feststellen, dass nahezu alle Todesfälle in unmittelbarer Nähe zur „Broad Street Pump" lokalisiert sind und damit eine rasche Schließung des verunreinigten Brunnens bei den Behörden bewirken. Kurz darauf endet die Seuche in Soho. Schuld an der Verschmutzung waren offene Abwasserkanäle, deren Inhalte in die Themse geschwemmt worden waren.[3]

Dr. John Snow hatte mit der Kombination aus demografischer Untersuchung und wissenschaftlicher Beobachtung schließlich eine wichtige Voraussetzung für die zukünftige epidemiologische Forschung geleistet.

Diese Geschichte ist gerade für uns so relevant, weil sie eindrucksvoll unter Beweis stellt, welche Ergebnisse erzielt werden, wenn verschiedenste Daten miteinander verknüpft und dabei die richtigen Fragen gestellt werden. Heutzutage hätte Dr. John Snow eine Unmenge solcher Informationen. Insbesondere die Epidemiologie profitiert in Zeiten der fortschreitenden Digitalisierung von so einfachen und nützlichen Mitteln wie dem Internet.

Laut einer Online-Befragung des Marktforschungsinstituts SKOPOS aus dem Jahr 2012 gaben etwa drei Viertel der Befragten an, dass sie sich entweder regelmäßig oder gelegentlich zu Gesundheitsthemen im Internet informieren würden.[4] Wir können davon ausgehen, dass dieser Wert mit dem sich stetig erhöhenden Interesse am Thema Gesundheit weiter angestiegen ist. Sind wir heute krank, tippen viele von uns ihre Symptome zuerst bei Google ein, bevor sie ihren Arzt konsultieren. Sie informieren sich bei Wikipedia oder diversen Gesundheitsportalen über die Charakteristika ihrer Krankheit. Google hatte mit diesen Daten im Jahr 2008 begonnen, ein sehr nützliches Tool aufzubauen: den Google-Grippetrend.[5] Wer grippekrank ist, gibt in der Regel bestimmte Suchbegriffe ein, an denen sich die Algorithmen des Programms orientieren konnten. Sie speicherten und werteten aber nicht nur diese Begriffe aus, sondern auch die Informationen, zu welchem Zeitpunkt und an welchem Ort sie verfasst worden waren. Daraus konnte Google grobe Hochrechnungen darüber anstellen, wie sich die Grippewelle ausbreitet bzw. ausbreiten wird.[6] Und das deutlich rascher, als es beispielsweise überwachende Grippeprogramme wie das *European Influenza Surveillance Scheme (EISS)* leisten können. Dort gibt es zumeist erst nach etwa zwei Wochen Ergebnisse, während Google diese tagesaktuell präsentieren konnte. Zwischenzeitlich gab es diesen Google-Grippetrend bereits für etwa 30 Länder weltweit, ehe das Projekt im Sommer 2015 eingestellt worden ist.[7] Durchgehend konnten sich die Nutzer auf dieser Seite darüber informieren, wie hoch das aktuelle Gripperisiko in ihrer Gegend war. Diese Ergebnisse sind nicht nur extrem nützlich bei der Früherkennung, Prävention und Bekämpfung der Grippe, sondern auch bei der Herstellung und Verteilung medizinischer Arzneimittel. Es ist zu bedauern, dass diese Daten nun nicht mehr frei zugänglich sind.

Der telemedizinische Vormarsch

Im Allgemeinen ist den Deutschen ihre Gesundheit pro Jahr etwa eine viertel Billion Euro wert. Das sind ganze 11 Prozent des Bruttoinlandsprodukts, die wir jährlich für Gesundheitsleistungen ausgeben.[8] Dadurch ist dieser Sektor zur großen Wachstumsbranche in Deutschland geworden.

Bezüglich unseres Gesundheitssystems können wir uns in Deutschland – zumindest im europäischen Vergleich – nicht beklagen. Trotzdem benötigt es großflächiger Veränderungen, wenn wir im deutschsprachigen Europa den Zug der technischen Neuerungen nicht verpassen möchten. Wie in vielen anderen Sektoren ist Big Data auch im Gesundheitswesen auf dem Vormarsch und bietet dabei eine Vielzahl von innovativen Verbesserungen an, von denen alle Parteien profitieren können.

Eine dieser Lösungen nennt sich *Telemedizin* und scheint dabei auf den ersten Blick gar nicht so neu zu sein. Unter diesem Begriff finden wir zuallererst zunächst Diagnosen und Therapien, die über räumliche Distanzen hinweg geschehen. Dies beinhaltet beispielsweise Videokonferenzen unter Ärzten oder den Austausch medizinischer Daten zwischen Krankenhäusern.

Der richtungsweisende Ausgangspunkt für telemedizinische Verfahren war anfänglich der allgemeine Ärztemangel in großflächigen Ländern mit geringer Einwohnerzahl. Gerade in entlegenen Regionen liegen dort Arzt und Patient oftmals weit auseinander, wodurch sich eine optimale Versorgung schwierig gestaltet. Aufgrund der geografischen Beschaffenheit ist deshalb Norwegen eine der führenden Nationen auf dem Gebiet der Telemedizin. Bereits in den frühen neunziger Jahren entstanden dort erste Projekte, die Vorreiter für neue Wege der medizinischen Versorgung waren. Die skandinavischen Länder sind grundsätzlich dafür bekannt, ausgezeichnete Kommunikationstechniken zu besitzen. Norwegen setzte diese klug ein und baute sich früh eine telematische Infrastruktur auf.

Längst schon sind diese Projekte nicht mehr nur auf Videokonferenzen beschränkt. Stärker als je zuvor wird mithilfe der neuen Kommunikationsmittel versucht, den Patienten in den Mittelpunkt zu stellen. Telemedizin – die oft auch als *eHealth* bezeichnet wird – ermöglicht heutzutage in deutlich intensiverem Ausmaß individuelle Patientenbetreuung. Bekanntlich werden wir alle ja nicht jünger. Manch einer mag das zwar durch diverse OPs versuchen, doch wenn seine physiognomische Fassade (Fresse) anschließend eher Batmans Gegenspieler Joker als einem normalen menschlichen Antlitz gleicht, ist er noch immer so alt wie zuvor. Deutschland ist nach Japan die Nation mit dem ältesten Durchschnittsalter weltweit.[9] Durch den zunehmenden medizinischen Fortschritt und abnehmende Geburtenraten wird sich das in den nächsten Jahrzehnten nicht ändern.

Vor allem für ältere Menschen, die an chronischen Krankheiten leiden, bietet Telemedizin nun vielversprechende Möglichkeiten bei der Krankenbetreuung. Die Technik macht es möglich, die Körperwerte von Patienten rund um die Uhr zu überwachen. Beispielsweise werden bei Herz-Kreislauf-Patienten Blutdruck, Puls und Gewicht gemessen, bei Diabetikern Blutzuckerwerte und bei Asthmatikern die Lungenfunktion. Nur wenn sich diese Werte außerhalb der Norm bewegen, greift der Arzt ein. Dies spart den Patienten unnötig lange Wege zum Arzt und senkt nebenbei die hohen Gesundheitsausgaben. Kranke werden dadurch in Zukunft viel stärker in den Mittelpunkt gestellt. Sie werden nicht nur individuell betreut, sondern können auch länger in ihrer gewohnten Umgebung bleiben.

Während es in Deutschland bislang nur wenige Testprojekte gibt, ist die Schweiz schon einen Schritt weiter. Dort gibt es seit 1999 das telemedizinische Unternehmen MEDGATE, den *Doc around the clock*! Hier wird medizinische Versorgung über Telefon, Internet und Video angeboten. 24 Stunden am Tag und sieben Tage in der Woche ist MEDGATE für den Patienten erreichbar. Treten erste Symptome einer Erkrankung auf, ist der Dienstleister auf einfache Weise per Telefon kontaktierbar. Wie in einer Arztpraxis gelangt der Patient zunächst zur Rezeption, an der Personalien und Symptome erfasst werden. Hat der Patient beispielsweise diverse Hautreizungen oder eine Augenentzündung, kann er zusätzlich Fotos von diesen per E-Mail oder über die MEDGATE-App schicken.[10] Anschließend berät sich das medizinische Team über die Symptome, ruft den Patienten zurück und empfiehlt ihm die optimale Behandlung. Ist der Fall eindeutig, können die ausgebildeten Ärzte von MEDGATE sogar ein Rezept ausstellen, dessen Kosten die Krankenkasse trägt.[11]

In Deutschland sind derartige Ferndiagnosen noch verboten. Sie fallen nach § 7 Abs. 3 der Berufsordnung der Ärztekammer unter das sogenannte Fernbehandlungsverbot.[12] Es ist fraglich, wie lange dieses ob des telemedizinischen Fortschritts noch intakt sein wird. Zwar ist Deutschland deutlich kleiner und vor allem viel dichter besiedelt als Norwegen. Aber trotzdem ziehen immer mehr Menschen vom Land in urbane Regionen. Der dadurch entstehende zunehmende Mangel an Fachärzten wie beispielsweise in Schleswig-Holstein ist nicht mehr aufzuhalten. Wir benötigen dringend mehr telemedizinische Projekte und dabei könnte die Aufhebung des Fernbehandlungsverbots nur vorteilhaft sein.

Der Kardiologe Friedrich Koehler ist Leiter des Zentrums für kardiovaskuläre Telemedizin an der Berliner Charité. Mit einer Studie in Nordbrandenburg will er dort mit finanzieller Unterstützung vom Bundesforschungsministerium Menschen helfen, die an chronischer Herzinsuffizienz leiden.[13] Um den endgültigen Beweis zu erbringen, dass Deutschland dringend mehr Telemedizin benötigt, sollen an der Studie etwa 750 Probanden teilnehmen. Das Ziel ist *„der Nachweis der Überlegenheit eines telemedizinischen Therapiemanagementansatzes bei Patienten mit chronischer Herzinsuffizienz (HI) [...] im Vergleich zur Standardtherapie"*[14]. Durchgehend messen die Patienten mit leicht zu bedienender Technik ihre Gesundheitswerte und schicken sie aus Nordbrandenburg nach Berlin. Tagtäglich werden die Daten an der Charité überprüft. Das Ärzteteam weiß immer über den Patienten Bescheid und kann im Notfall direkt eingreifen.

Die telemedizinische Infrastruktur

Die Frage ist mittlerweile nicht mehr ob, sondern wann die Telemedizin unser Gesundheitswesen revolutionieren wird. Bereits jetzt verändert die moderne IT Arbeitsabläufe in Praxen und Krankenhäusern. Die Digitalisierung ist hierbei die treibende Kraft und beschleunigt die medizintechnische Entwicklung fortdauernd.

Etwa die Hälfte unserer Ärzte nutzt Informationstechnik für Verwaltung und Dokumentation. Oftmals sind dies jedoch unterschiedliche Systeme, die nicht miteinander kommunizieren können. Hierin liegt noch eines der größten Probleme dafür, dass Telemedizin bislang nur langsam fortschreitet. Einerseits fehlt an vielen Stellen die Bereitschaft für eine großflächige Veränderung, andererseits hapert es auch an den infrastrukturellen Voraussetzungen. Es gibt nämlich nicht nur unterschiedliche Verarbeitungsprogramme, sondern auch verschiedene Datentypen. Wie lassen sich Patientenakten, Diagnosebilder oder Daten aus der DNA-Analyse so miteinander verbinden, dass Mediziner und Patienten gleichermaßen schnell und einfach darauf zugreifen können? Die Antwort lautet natürlich Big Data.

Werde ich im Krankheitsfall vom Haus- zum Facharzt überwiesen, sollte dieser mit nur einem Mausklick meine komplette Krankenakte zur Verfügung haben. Deshalb ist beim Aufbau einer telemedizinischen Infrastruktur die wichtigste Aufgabe, alle relevanten Patientendaten zusammenzuführen. Zusätzlich anzumerken wäre eine Verbesserung der Transparenz. Wenn wir uns heute beispielsweise eine neue Waschmaschine zulegen wollen oder den kommenden Sommerurlaub buchen, dann vergleichen wir zunächst. Welches ist das beste Angebot, bei dem das Verhältnis von Preis und Leistung stimmt? Was aber machen wir bezüglich der Preise von Untersuchungen und Behandlungsmethoden? Dieses System ist noch viel zu undurchsichtig. Auch in der Medizin benötigt es solcher Vergleichsportale.

Lange Zeit war der Fokus im schwierig zu durchblickenden Gesundheitssystem eher nutzen- statt nutzerorientiert.[15] Die Medizin konzentrierte sich zu sehr auf Forschung und Technik. Eine individualisierte Behandlung des Patienten blieb dabei aufgrund von mangelnder Transparenz oftmals auf der Strecke. Durch das neu entstandene Angebot an Information beschäftigen wir uns viel mehr mit unserer eigenen Gesundheit. Wir stellen uns selbst in den Mittelpunkt und demokratisieren damit den kompletten Markt.

Dieser Gesundheitsmarkt bestand bislang aus zwei Teilen. Der erste umfasste die Versorgung von gesetzlichen und privaten Krankenversicherungen. Der zweite Teil beschränkte sich auf privat finanzierte Dienstleistungen wie beispielsweise individuelle Behandlungstherapien, die in der Regel von Krankenkassen nicht getragen werden. Unser Wunsch nach prädiktiver Gesundheitsversorgung erweitert den Markt nun um einen weiteren, den dritten Gesundheitsmarkt, den sowohl staatliche als auch private Akteure nicht kontrollieren können.[16] Nach dem Prinzip der *Share Economy* verteilen und tauschen wir untereinander Wissen über Gesundheit. Das im Internet bereitgestellte Informationsangebot für den medizinischen Laien ist heute nämlich so hoch wie noch nie. Der Google Body Browser lädt zum Beispiel zum dreidimensionalen Rundgang durch den menschlichen Körper ein. Auf diagnosia.com finden wir öffentlich zugängliche Information zu Gebrauch, Wirkung und Nebenwirkung von Medikamenten.[17] Dabei will der Plattformbetreiber das Fachwissen von Ärzten und Apothekern keinesfalls ersetzen, sondern vielmehr erweitern.

Die neuen technischen Möglichkeiten und diese zentralen Anlaufpunkte für medizinisches Fachwissen verändern bereits jetzt massiv unseren Umgang mit dem Thema Gesundheit. Die Revolution rollt an.

Der Lifestyle-Trend Gesundheit

Mehr denn je nehmen wir jetzt unsere Gesundheit in die eigene Hand. Es ist eine regelrechte Gesundheitsbewegung entstanden, die körperliche und geistige Fitness als Ideal einer nach Erfolg und Fortschritt orientierten Gesellschaft betrachtet. Dazu gehören vegetarische und vegane Ernährung, tägliche Besuche im Fitnessstudio und zahlreiche weitere Möglichkeiten sich vom ungesund lebenden Rest abzugrenzen. Hierfür bieten Big-Data-Prozesse in Form von

Gesundheits-Apps, Schrittzählern und Fitnessarmbändern praktische und leicht zu bedienende Unterstützung. Diese Gadgets sind aktive Helfer für eine sich stark ausbreitende Präventivmedizin. Das Thema Gesundheitsvorsorge ist schon jetzt in den Mittelpunkt gerückt. Datenanalysen bieten zwar vielversprechende Möglichkeiten, einstmals unheilbare Krankheiten erfolgreich zu therapieren. Sie können uns aber auch dabei helfen, bestimmte Krankheiten gar nicht erst auftreten zu lassen. Was wäre, wenn wir sie erkennen könnten, noch bevor wir krank werden, und unser Smartphone dabei eine zentrale Rolle spielte?

Längst schon dokumentieren unsere Telefone durch zahlreiche Apps die Schrittzahl, den Blutdruck, Puls und viele weitere nützliche Informationen, die etwas über unseren Gesundheitszustand aussagen.

Das Programm Apple Health vereint alle diese Möglichkeiten und wird so zur neuen Gesundheitszentrale. Kombiniert mit den dazugehörigen Apps und unterstützt von Smartwatches und Fitnessbändern kann Apple Health im Grunde jede vitale Körperfunktion messen.[18] Dinge, die sich nicht bestimmen lassen – zum Beispiel unsere tägliche Nahrungsaufnahme –, können wir problemlos wie in einem Tagebuch nachtragen. Was habe ich wann gegessen und wie viel Kalorien hat es enthalten? Habe ich mich anschließend ausreichend bewegt und wie hat sich mein Blutdruck dabei verändert? Dies sind allesamt Fragen, die Apple Health beantworten kann und damit aktive Gesundheitsvorsorge betreibt.

In Zukunft werden Smartphones allerdings noch viel mehr können. Erste Testversuche dazu gibt es bereits. So hat die Dresdner Universitätsklinik ein Pilotprojekt entwickelt, bei welchem Patienten mit bipolarer Störung beaufsichtigt werden.[19] Diese Krankheit ist eine psychische Störung, bei der die Betroffenen in extremen Ausmaßen abwechselnd zwischen Manie und Depression schwanken. In manischen Phasen sind die Erkrankten nahezu dauerhaft in Bewegung, essen wenig und schlafen kaum. Im zum anderen Extrem ausschlagenden Pol sind die Betroffenen dann äußerst antriebslos. Sie bewegen sich wenig, sind müde und depressiv. Mit einer eigens dafür entwickelten App sollen die Patienten nun dauerhaften Kontakt zu den Ärzten halten und diese regelmäßig über ihren Tagesverlauf informieren. Jeden Abend müssen sie sich selbst bewerten. War ich heute eher manisch, depressiv oder verhaltensunauffällig? Zusätzlich hält die App fest, wie oft sich die psychisch Kranken bewegen, wie viele Telefonate sie führen und welche Anzahl von SMS sie verschicken. Denn gerade daran lässt sich erkennen, ob die Betroffenen in kritische Regionen abdriften. Einerseits lernen sie mit dieser Methode ihre Erkrankung besser kennen, andererseits werden sie medizinisch dauerhaft beobachtet.

Etwa 800.000 Menschen in Deutschland leiden an bipolarer Störung, die oftmals fälschlicherweise als reine Depression diagnostiziert wird. Denn von den Hochphasen der Erkrankung berichten die Patienten in der Regel nicht, weil sie sich in diesen schließlich gut fühlen. Eine tägliche Dokumentation inklusive Zusammenführung der Werte in der App könnte in Zukunft dabei helfen, nicht nur diese Krankheit, sondern auch viele andere frühzeitig zu erkennen, um sie folglich effektiver behandeln zu können.

Das Big-Data-Zeitalter hat auch in der Medizin gerade erst begonnen. Von einigen der kommenden Möglichkeiten haben wir in diesem Kapitel berichtet, viele andere können wir bislang nur erahnen. Natürlich muss bei künftigen Innovationen immer ein ausreichender Datenschutz gewährleistet sein. Denn selbstverständlich gibt es neben den Ärzten weitere Akteure, die ein offenkundiges Interesse an ihrem Gesundheitszustand haben. Beispielsweise Krankenkassen, die bei einem eher ungesunden Lebensstil Beiträge erhöhen, oder Arbeitgeber, die herausfinden möchten, ob ihre Belegschaft körperlich und geistig fit ist. Vor allem Krankenversicherungen werden zukünftig vermehrt auf derartige Methoden setzen. Wer regelmäßig Fitness betreibt und sich gesund ernährt, wird belohnt. Wer sich nicht daran hält, wird bestraft![20] Wir geraten dabei in einen Bereich, der aus ethischer Sicht schwer vertretbar ist.

Letztlich benötigt es vor allem Vertrauen, damit sich das Gesundheitssystem gerade in Deutschland den neuen Möglichkeiten anpasst. Denn hierzulande denken zu viele Menschen an Sicherheit statt an Chancen. Datenschutz ist ein wichtiges Thema, darf künftige Innovationen jedoch nicht im Keim ersticken.

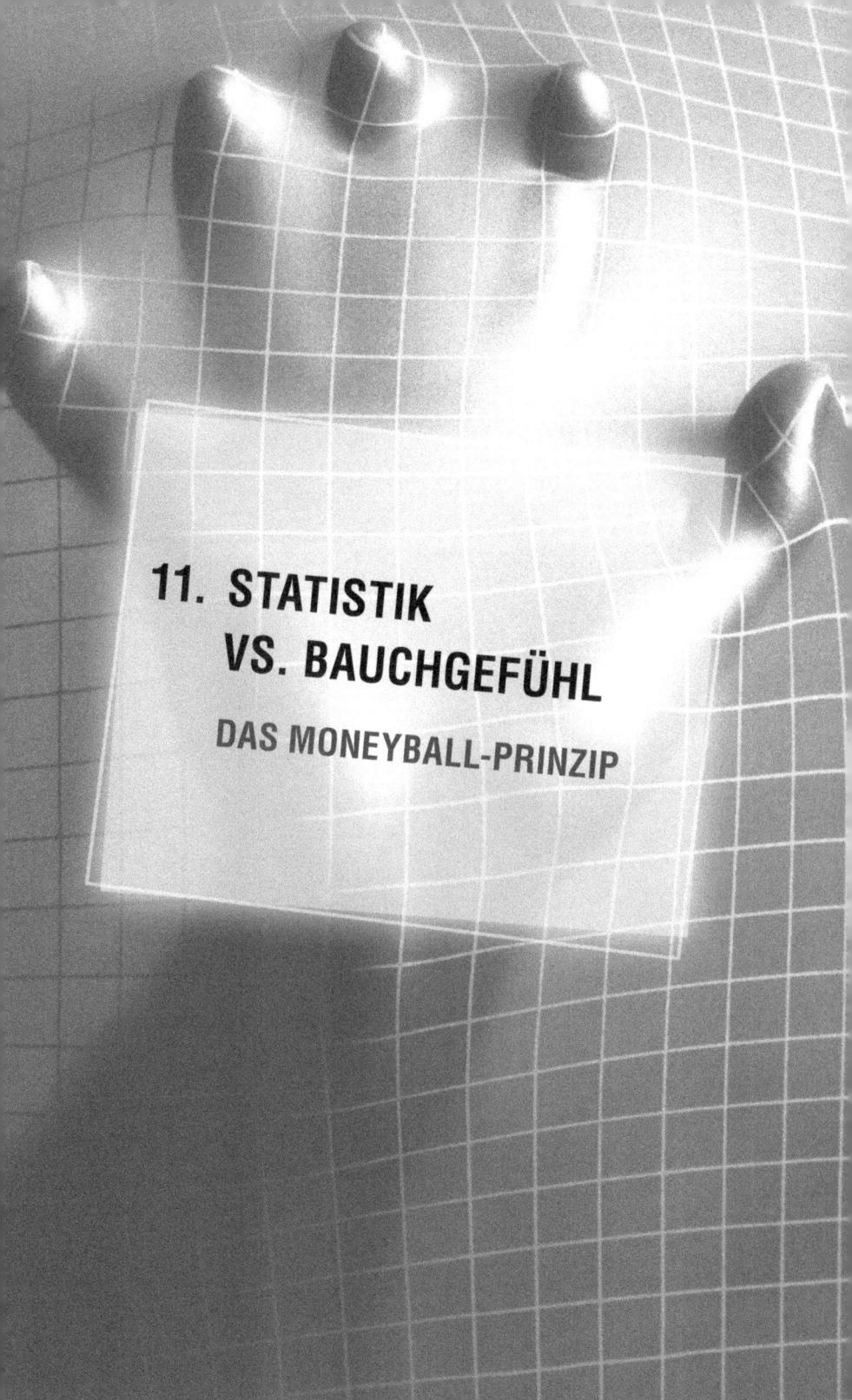

11. STATISTIK VS. BAUCHGEFÜHL

DAS MONEYBALL-PRINZIP

Es gibt kaum einen Bereich auf diesem Planeten, in dem schneller an Geld zu kommen ist, als im professionellen Sport. Kein Wunder, dass ausgerechnet hier Big-Data-Systeme mittlerweile Einzug gehalten haben. Sogar in Hollywoodfilmen wurde dieses Prinzip der Zusammenstellung einer Mannschaft, basierend auf algorithmischen Analysen, bereits thematisiert.

In den Katakomben des Oakland Coliseum, eines schmucken Baseballstadions aus den siebziger Jahren, hat sich eine illustre Truppe aus Scouts und Trainern zusammengefunden. An einem großen Tisch sitzt diese geballte, mittlerweile aber schon melierte Kompetenz beisammen und lauscht dem Urteil des General Managers der Oakland Athletics, einem Major League Baseballteam aus Kalifornien. Der junge Mann heißt Billy Beane. Er musste gerade seine drei besten Spieler verkaufen und ist auf der Suche nach gleichwertigem Ersatz. Er blickt auf die Tafel, an der zahlreiche Spielernamen für mögliche Neuzugänge hängen. Beane schüttelt den Kopf und spuckt eine Ladung Kautabak in einen leeren Softdrink-Becher. Derweil diskutieren seine Scouts und Coaches: *„Artie, welcher Spieler gefällt dir?"* Scout Artie nennt Perez. *„Er hat den klassischen Swing, einen wirklich sauberen Schlag!"* Matt Keough schaltet sich in das Gespräch ein und merkt an, dass Perez eine hässliche Freundin habe. Scout Barry fragt: *„Was soll das bedeuten?"* *„Hässliche Freundin bedeutet, er hat kein Selbstvertrauen!"* Beane schnaubt laut und bewegt die Hände wie ein Froschmaul. *„Blablablabla!"* Wieder spuckt er Kautabak aus.

Dieses Gespräch ist eine Szene aus dem sechsfach oscar-nominierten Film *Moneyball* mit Brad Pitt in der Hauptrolle des Billy Beane. Er beruht auf dem Buch *Moneyball – The Art of Winning an Unfair Game*[1] von Michael Lewis aus dem Jahr 2003. Es geht dabei um die wahre Geschichte der Oakland Athletics, einem der etatschwächsten Teams der Major League Baseball. Im Film beschreibt es Brad Pitt mit lakonischem Pathos folgendermaßen:

„Es gibt reiche Teams und es gibt arme Teams. Anschließend kommt jede Menge Mist und erst dann, ganz am Ende, kommen wir. Das ist ein unfaires Spiel![2]

Billy Beane ist seit 1997 General Manager der Oakland Athletics. Von der Übernahme weg begann er, die überteuerte Mannschaft zu sanieren. Er verkaufte ihre Stars und setzte auf kostengünstige, von vielen Scouts unterschätzte Baseballspieler. Dabei bezog er sich auf sogenannte *Sabermetrics*, eine bereits 1977 von dem Statistiker Bill James entwickelte Datenbank, die einen völlig neuen Blick auf den Baseballsport warf. Billy Beane hatte sich auf die Suche nach alternativen Möglichkeiten begeben, um das unfaire Spiel zu gewinnen. Bei Sabermetrics war er fündig geworden. Dieses System legte plötzlich einen Fokus auf Spielerfähigkeiten, die bislang von allen führenden Scouts unterschätzt worden waren. Die konsequente Gangart

Beanes, eine seit über hundert Jahren praktizierte Sportart neu zu erfinden, brachte ihm zunächst viel Kritik ein. Schließlich hatte er alles infrage gestellt, was zuvor als allgemein gültig angesehen wurde. Doch die Oakland Athletics feierten ab 2002 durch Sabermetrics erstaunliche Erfolge. Trotz wirtschaftlicher Unterlegenheit erreichten die A's – wie man das Team im Sportjargon bezeichnet – drei Mal in Folge die Play-offs. Zudem stellten sie mit zwanzig Siegen am Stück einen neuen Ligarekord auf.[3] Obwohl er zahlreiche Angebote größerer Vereine erhielt, ist Billy Beane bis heute in Oakland geblieben. Auf sein großes Ziel, den Titel zu gewinnen, wartet er jedoch weiterhin vergeblich.

Warum erzähle ich Ihnen diese Geschichte? Ich möchte Sie keineswegs zum Baseball bekehren. Ich könnte Ihnen das Regelwerk der Sportart, die in Deutschland ein eher unauffälliges Dasein fristet, gar nur rudimentär erklären. Es geht mir nicht um Baseball, sondern darum, was Billy Beane erreicht hat. Er stand vor einer schwierigen Entscheidung: Würde er weiterhin der subjektiven Meinung von erfahrenen Scouts folgen, die davon überzeugt waren, dass hässliche Freundinnen für vermindertes Selbstvertrauen stünden? Oder würde er einen komplett neuen Weg einschlagen und statistischen Rechenmodellen vertrauen? Er vertraute den Zahlen und wurde dadurch belohnt. Deswegen werden die Jahre zu Beginn des Jahrtausends in Oakland als sogenannte *Moneyball Years* bezeichnet.

Michael Lewis' Buch *Moneyball – The Art of Winning an Unfair Game* handelt nur auf den ersten Blick von Baseball. Lewis ist eigentlich Wirtschaftsjournalist, der in seinen vorherigen Werken hauptsächlich über Investmentbanking geschrieben hatte. Nun aber beschäftigte er sich mit Baseball. Als Außenstehender entlarvte er dabei eindrucksvoll die ineffizienten Mechanismen dieser Sportart. So errechnete er, dass die vermögendsten Vereine der Major League Baseball nahezu verschwenderisch mit ihren finanziellen Mitteln umgehen. Manche zahlten im Durchschnitt drei Millionen Dollar für einen Sieg, während die Oakland Athletics nur etwa ein Sechstel dieser Summe ausgaben.[4] Trotzdem war die Mannschaft von Billy Beane erfolgreicher als viele andere. Michael Lewis hatte sich leidenschaftlich in die Story der Oakland Athletics verliebt. Er ging der Frage nach, wie zum Teufel es denn möglich war, dass die *A's* trotz finanzieller Unterlegenheit so erfolgreich performen konnten? Seine Antworten übertrug er schließlich auf andere Branchen wie beispielsweise die freie Marktwirtschaft, in der statistisch belegte Effizienz schon immer aussagekräftiger war als subjektive Empfindungen.

Neue Wege

Kennen Sie Jan Boklöv? Der Schwede war in den achtziger Jahren ein mittelmäßiger Skispringer mit überschaubarem Erfolg. Um im Training einen Sturz zu vermeiden, nahm er im Jahr 1986 in der Luft die Beine auseinander und wunderte sich anschließend darüber, dass er nicht stürzte, sondern mehrere Meter weiter sprang. Der *V-Stil* war geboren! Eine Technik, die das Skispringen in den folgenden Jahren revolutionieren sollte. Ebenso hat der *Fosbury Flop* den Hochsprung verändert, nachdem der US-amerikanische Leichtathlet Dick Fosbury plötzlich rückwärts über die Latte gesprungen war und dadurch mit olympischem Gold belohnt wurde.[5]

Billy Beane steht diesen beiden in nichts nach. Alle drei haben sie etwas gemeinsam. Sie gingen eben nicht den Weg, das zu machen, was alle zuvor schon immer so gemacht hatten. Sie machten es anders und revolutionierten damit ihre komplette Sportart. Jeder Skispringer spreizt heute nach dem Absprung die Beine, um von mehr Auftrieb zu profitieren. Jeder Hochspringer überquert die Latte rückwärts, weil sein Körperschwerpunkt bei dieser Technik höher als die Latte ist. Und im Baseball gibt es niemanden mehr, der Sabermetrics nicht nutzt.

Diese Beispiele gelten, wie Michael Lewis treffend befand, nicht nur in der Sportwelt, sondern in praktisch allen Lebensbereichen. Wir lernen daraus, dass sich etwas nur dann durchsetzt, wenn es Menschen gibt, die an ihre Sache glauben und den Mut haben, auch bei größtem Gegenwind nicht von ihrem Weg abzukommen. Nur wer Lücken findet, die richtigen Fragen stellt und aus diesen auch die passenden Antworten erhält, kann der Konkurrenz einen Schritt voraus sein. Das ist eine der wichtigsten Big-Data-Lehren, die ich hierdurch akzentuieren möchte.

„Fußball ist keine Mathematik!"

Als leidenschaftlicher Fußballspieler und Fan interessierte mich bei der Recherche zu diesem Thema eine andere Frage viel stärker. Ist dieses Moneyball-Prinzip auch auf unseren Volkssport Nummer eins übertragbar? Ist Erfolg durch statistische Datenbankauslese möglich, auch wenn man nicht über die finanziellen Mittel eines FC Bayern verfügt?

Zunächst einmal ist festzustellen, dass Statistiken im Fußball ebenfalls eine große Rolle spielen. Ein Stürmer wird verpflichtet, weil er viele Tore erzielt. Bei einem zentralen Mittelfeldspieler zählt, wie viele Bälle er erfolgreich an seine Mitspieler weitergibt, und ein Verteidiger wird derweil nach seiner Zweikampfquote beurteilt. Und doch gibt es keine Erfolgsrezepte! Immer wieder fallen Spieler durch das Raster, weil sie nicht mit dem Trainer zurechtkommen, sich in der neuen Stadt nicht wohlfühlen oder schlichtweg ungeeignet für die vorhandene taktische Ausrichtung sind. Es gibt vielschichtige Gründe dafür, ob ein neuer Spieler erfolgreich ist oder eher als Flop tituliert wird. Wie in vielen anderen Sportarten auch spielt der Zufall eine große Rolle im Fußball. Glück und Pech liegen manchmal so nahe beieinander, dass sich Vereine nur noch mit Entlassungen und Degradierungen zu helfen wissen. *„Fußball ist keine Mathematik!"*, entgegnete Karl-Heinz Rummenigge schließlich einst seinem studierten Mathematiker und Fußballtrainer Ottmar Hitzfeld.

Matthew Benham sieht das anders. Der Besitzer der Londoner Wettfabrik Smartodds kämpft für die Ausschaltung des negativen Zufalls im Fußball. Der Engländer hat in Oxford Physik studiert und ist begeistert von Wahrscheinlichkeitsrechnungen. Er beschäftigt etwa 80 Mitarbeiter, die sich aus Mathematikern, IT-Experten und Spielanalytikern zusammensetzen. Seine Wettfabrik ist derart erfolgreich, dass er im Jahr 2012 die Mehrheit am damaligen Drittligisten FC Brentford erwarb. Seitdem kämpft Benham mit mathematischen Algorithmen und wissenschaftlichen Analysen für einen Sinneswandel im seiner Meinung nach oftmals konservativ geführten Fußball. Seine Bemühungen gleichen aber eher Don Quijotes Kampf gegen die Windmühlen. Immerhin gelang dem Verein der Aufstieg in die zweite englische Liga.

Die Ga-Ga-Gallier

Etwa zur gleichen Zeit muss Matthew Benham Bekanntschaft gemacht haben mit dem ehemaligen Fußballspieler Rasmus Ankersen. Der Däne hatte seine Karriere schon im zarten Alter von 21 Jahren wegen einer Knieverletzung beenden müssen.[6] Ankersen konzentrierte sich fortan darauf, Bücher über Erfolg im Fußball zu schreiben. Das Resultat war der Bestseller *Gold Mine Effect*[7], der mittlerweile in mehr als 25 Sprachen übersetzt worden ist und sich intensiv mit der Frage beschäftigt, wie Talente bestmöglich erkannt und gefördert werden. Schnell stellten der Engländer und der Däne fest, dass sie auf gleicher Wellenlänge waren. 2014 machte sich Benham auf die Suche nach einem weiteren Verein. Ankersen stellte den Kontakt zu seinem ehemaligen Club, dem FC Midtjylland, her. So kaufte sich der Engländer die Dreiviertelmehrheit des dänischen Erst-ligisten und instruierte Ankersen als Vorstandsvorsitzenden. Seitdem hat sich der Verein voll und ganz der Mathematik ver-schrieben. Das vorläufige Resultat ist fast als Fußballmärchen zu bezeichnen. Zumindest für jemanden, der an Märchen und Wunder glaubt. Doch Zahlen schreiben keine Märchengeschich-ten. Sie errechnen Wahrscheinlichkeiten, die Orientierung auf dem Weg zum Erfolg sind. Dieser Erfolg war der Gewinn der dänischen Meisterschaft 2015!

Der FC Midtjylland, den es erst seit 1999 gibt, sorgte damit für eine Sensation in der dänischen Superliga. Denn den Meister in Dänemark stellte fast immer der Großraum Kopenhagen mit seinen finanzstarken Vereinen. Der FC Midtjylland ver-fügte lediglich über die Hälfte dieser Etats und schlug damit allen ein Schnippchen. Dieser Provinzverein ist in etwa ver-gleichbar mit der Reputation einer TSG Hoffenheim gepaart mit der spielerischen Eleganz der grauen Maus Hannover 96. Doch nachdem Benham und Ankersen die Geschicke des Vereins an sich gerissen und ihn nach ihren Vorstellungen komplett zum mathematischen Berechnungsmodell geformt hatten, stellte sich plötzlich erstaunlicher Erfolg ein. So ist dieses Projekt im weltweiten Fußball einzigartig und es ist sicherlich das spannendste Experiment dieser Sportart. Die Ga-Ga-Gallier schlagen zu!

Dabei vertraut der dänische Provinzling voll und ganz auf die Aussagekraft von Matthew Benhams Mathematikmodellen. Sie ermöglichen Ankersen und seinem Team ganz neue Blicke auf das Spiel. Wie zum Beispiel verhalten sich viele Mannschaften, die kurz vor Spielende eins zu null führen? Sie verteidigen und verwalten den Vorsprung! Matthew Benham sieht darin einen großen logischen Fehler. Zieht man sich tief in die eigene Hälfte zurück, verringert das die Wahrscheinlichkeit, ein Tor zu erzielen. Zugleich erhöhen sich die Chancen des Gegners, das Spiel noch auszugleichen. Am effektivsten haben sich demnach Mannschaften erwiesen, die bei einer Führung noch konzentrierten Offensivfußball pflegen.[8] Mit solchen Aussagen spielt der Engländer auf die Logik unseres Verstands an, die uns doch allzu oft einen Streich spielt. Deshalb ist es keineswegs verwunderlich, dass *Schnelles Denken, langsames Denken* von Daniel Kahneman eine Pflichtlektüre für jeden Mitarbeiter bei Smartodds ist. Gerade im Sport entwerfen wir oftmals in höchstem Grade affektive Geschichten, um Erfolg oder Misserfolg zu rechtfertigen. Wir machen dies unter emotionalem Einfluss und verkennen dabei die eigentliche Aussagekraft dessen, was vor unserer Nase liegt.[9]

Dem entgegenzuwirken, dafür treten Benham und Ankersen in den Ring. Ihre Erfolgsformel, nach der sie bewerten, ob ein Spieler zum FC Midtjylland passt oder nicht, werden sie jedoch nicht preisgeben. Schließlich würde ihnen das den Wettbewerbsvorteil nehmen. Ganz wie bei Coca-Cola kennen wir die Zutaten des Rezepts. In welchem Verhältnis sie allerdings zueinander stehen und welche Teile mehr Gewichtung erfahren, wissen wir nicht. Es zählen bekannte Statistiken wie Tore, Vorlagen, Pass- oder Zweikampfquote, aber auch viele weitere und insbesondere wie all diese ineinandergreifen. Schlussendlich lassen sich diese Statistiken zu einer Bewertung zusammenfassen. Benham nennt sie *KPI*, was für *Key Performance Indicators* steht.[10]

Das Ende der Romantik?

Zu welchem Schluss kommen wir nun also? Ist Sport berechenbar? Oder spielen wir uns mit den vermeintlich schlagenden Argumenten der Statistik wieder selbst einen Streich? Vor allem im Fußball gibt es viele Beispiele, die allen Berechnungen widerstreben. So werden vor allem Offensivspieler geschätzt, die als vermeintlich unberechenbar gelten, weil sie Spielsituationen kreieren, die zuvor niemand ahnen konnte. Nehmen wir hierfür als Beispiel Lionel Messi, den kleinen Zauberfloh aus Argentinien, der mit dem Ball am Fuß innerhalb von nur fünf Metern seine Meinung drei Mal ändern kann. Oder Andrea Pirlo, einen der letzten großen Regisseure, der den Bewegungsradius eines Altherrenschiedsrichters aus der Kreisliga C an den Tag legt, mit gelangweilter Miene über das Feld trabt, damit allen Gesetzen des modernen Fußballs widerspricht und doch der taktangebende, entscheidende Mann im Spiel seiner Mannschaft ist! Pirlos Erfahrung, sein Einfluss und seine Coolness, die an einen Westernhelden aus den Sechzigern erinnert, sind mit keiner Statistik zu fassen. Und das ist auch gut so! Wenn wir Fußballfans etwas mögen, dann ist es diese Aura des Unberechenbaren, diese nahezu mystische Eleganz, die Märchengeschichten schreibt und von Wundern erzählt. Wir nennen das dann ganz gerne auch Fußballromantik!

Der richtige Fußballfan lebt natürlich von dieser Romantik und von komischen Typen, die eben nicht das tun, was viele erwarten, und auch bei Interviews Sätze bringen, die weit entfernt sind vom Einheitsblabla, das wir sonst immer zu hören bekommen. Dennoch werden *Sabermetrics*, *KPIs* und Co die Sportwelt weiter verändern. Selbst in der Basketballbundesliga ist es einem kleinen „Dorfverein" aus meiner Wahlheimat, dem romantischen Städtchen Bamberg, über Jahre hinweg ohne Zutun von Großsponsoren immer wieder gelungen, die deutsche Meisterschaft nach Franken zu holen. Was wenige wissen, ist die Tatsache, dass Bamberg der einzige Verein in der Bundesliga war, der mit einem höchst professionellen Scouting-Team arbeitete, das eine erstaunliche Datenbank zur Verfügung hatte, mit der weltweit auf Spielerdaten zurückgegriffen und so entschieden werden konnte, welche Akteure unter finanziellen sowie sportlichen Aspekten die vielversprechendsten für den Verein waren. Zahlen werden den Sport verändern! Das zeigen nicht nur die Beispiele aus Oakland, Midtjylland und Bamberg, sondern die mittlerweile flächendeckende Vermessung kompletter Sportligen auf der ganzen Welt.

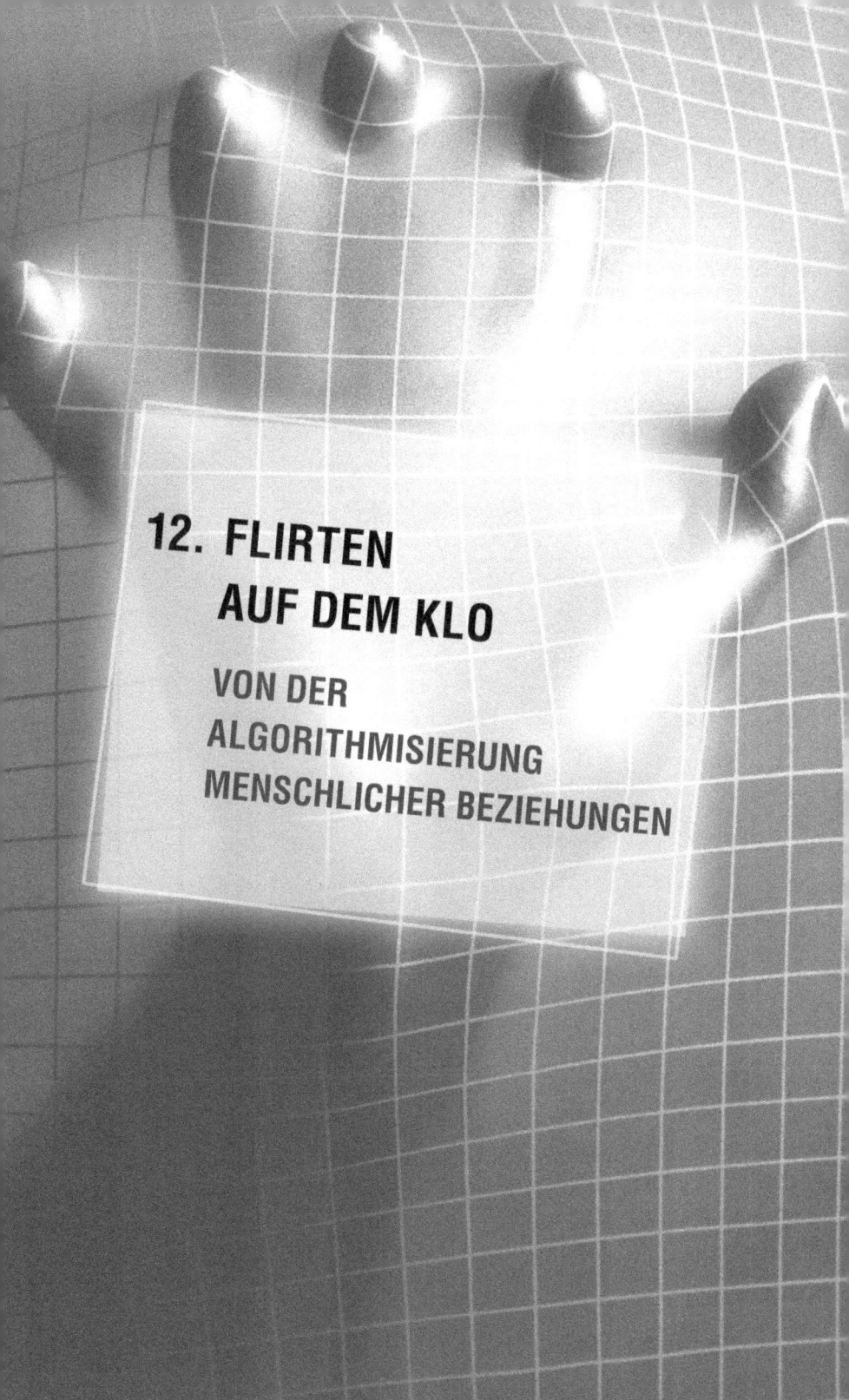

12. FLIRTEN AUF DEM KLO

VON DER ALGORITHMISIERUNG MENSCHLICHER BEZIEHUNGEN

Ob während des Fernsehens, der Zugfahrt oder gar der Zeit auf dem stillen Örtchen: Flirten war noch nie so leicht wie heute, im Zeitalter des Online-Datings. Das, was dazu nötig ist, haben die meisten von uns sowieso immer dabei: das Smartphone! Aber wie verändert es unser Liebesleben? Entscheiden bald nur noch Algorithmen, wenn es darum geht, den richtigen Partner zu finden?

Heute ist das kaum vorstellbar, aber es gab Zeiten, in denen das Internet noch nicht erfunden war. Erinnern Sie sich daran? Liebe war damals unweigerlich etwas Persönliches. Weibchen und Männchen lernten sich kennen, trafen sich regelmäßig, verliebten sich ineinander, der Junge versuchte seine Angebetete mit Blumen und Schokolade von sich zu überzeugen, das Mädchen ließ sich erobern und ein Jahr später wurde sich entweder wieder getrennt oder geheiratet. Sehen wir mal von Zwangs- oder arrangierten Ehen ab, dann kommen wir mit dieser Beschreibung der Realität doch recht nahe.

Als das Internet die Welt zu erobern begann, vertrauten wir ihm viel an. Wir kauften online ein. Wir bildeten uns online weiter. Wieso sollten wir nicht auch die Partnersuche in das Netz verlegen? Was folgte, war ein Siegeszug sondergleichen, der die althergebrachten Zeitungsinserate schnell in Vergessenheit geraten ließ.[1] Was anfänglich noch als deprimierend, verzweifelt oder gar liederlich abgestempelt wurde, ist in unserer heutigen Gesellschaft mittlerweile vollends akzeptiert. Wir müssen uns nicht mehr dafür schämen. Wenig verwunderlich: Die Kontaktvermittlung ist weltweit zum Milliardengeschäft geworden. Allein in Deutschland fahren Dating-Börsen einen jährlichen Umsatz von etwa 200 Millionen Euro ein.[2]

Wie aber finden wir den richtigen Partner? Es ist festzustellen, dass wir vorwiegend denjenigen mögen, dessen Interessen und Anschauungen mit den unseren kompatibel sind. Discogänger sucht Discogängerin und Sportbegeisterter sucht Sportbegeisterte! Oder etwa doch nicht? Bekanntlich gibt es in der Liebe kein Rezept. Nicht ohne Grund behaupten wir ganz gerne, dass sich Gegensätze anziehen. Da verliebt sich Macho in Mauerblümchen und Fleischfan in Vegetarierin. Liebe kann so einfach und doch so schwer sein. Vor allem die Suche nach dem/der Richtigen! Wie ist es nun aber möglich, dass eine Online-Plattform behauptet, sie hätte den richtigen Partner für uns? Wie soll ein System *Ihn* oder *Sie* finden, wenn wir selbst dazu manchmal nur schwer in der Lage sind?

Das algorithmisierende Geschäft mit der Liebe

ElitePartner, eDarling, Parship, Tinder oder Lovoo – die Liste der Dating-Plattformen könnte endlos fortgesetzt werden. Ob Freundschaft, Chat, ein erotisches Abenteuer oder eine längerfristige Partnerschaft – es findet sich für jede Zielgruppe die passende Internetseite. Weil diese Interessen so verschieden sind, ist es auch unumgänglich, Online-Dating nicht in seiner Gänze, sondern segmentiert zu betrachten. Wir können nicht von Online-Dating sprechen, wenn wir damit nur die klassischen Partnervermittlungen meinen. Seitdem wir unterwegs jederzeit online gehen können, ist in den letzten Jahren ein großer Mobile-Dating-Markt entstanden, der das klassische Singlebörsenangebot um einen ganz neuen, viel flexibleren Sektor erweitert hat. Worin diese Unterschiede im Genauen bestehen, werden wir im Laufe dieses Kapitels noch näher erläutern.

Da wir im Übrigen mittlerweile an einem Punkt angelangt sind, an dem sich beide zusehends miteinander vermischen (das bedeutet, dass klassische Singlebörsen ihr Angebot auf mobilen Endgeräten erweitern und Mobile-Dating-Applikationen Webbrowser-Angebote online stellen), werden wir uns im Folgenden des übergeordneten Begriffs *E-Dating* bedienen.[3]

Doch zunächst Schritt für Schritt. Die Vielfältigkeit der unterschiedlichen Angebote ist zugleich auch ein geschichtlicher Überblick des E-Datings. Dieses begann nämlich 1995 mit der Internetseite match.com in den USA. Selbstverständlich waren die technischen Möglichkeiten damals noch recht limitiert. Es gab keine Algorithmen, die entschieden, wie gut oder schlecht zwei Personen zueinander passten. Deswegen glich die Partnersuche eher einem unkontrollierten Supermarktbesuch. Vorhandene Profile wurden begutachtet und entweder für positiv oder negativ befunden. Dieses Vorgehen war vernünftig, aber recht ziellos. Denn die Menschen lernten nicht allzu viel aus einem Profil und waren oftmals überfordert aufgrund der stetig steigenden Auswahl.[4] Dies änderte sich um die Jahrtausendwende. Damals wurden in den USA eHarmony und in Deutschland Parship gelauncht. Um die

Suche nach dem richtigen Partner zu konkretisieren, setzten diese Seiten fortan auf die Hilfe von Algorithmen. Dadurch sollte sich einerseits die Auswahl verringern und andererseits die Wahrscheinlichkeit, einen passenden User zu finden, erhöhen. Nebenbei revolutionierten sie damit die Partnersuche im Netz. Denn plötzlich spielten die persönlichen Angaben der Benutzer eine enorme Rolle. Anhand dieser konnten sie nun kategorisieren, inwieweit Interessen und Vorlieben übereinstimmten. Entscheidend für diesen Schritt waren sicherlich die algorithmischen Vorgänge im Hintergrund.

Aber welche Informationen sind denn eigentlich wichtig? Bezüglich der klassischen Partnervermittlungsseiten wie Parship oder eDarling ist der zentrale Faktor zunächst ein Persönlichkeitstest. Mitunter befinden sich in diesem ganz triviale Fragen, wie zum Beispiel diejenige, ob man mit geöffnetem Fenster schläft oder nicht. Hugo Schmale, der Parship im Jahr 2000 mitbegründet hatte, verdeutlichte in einem Interview mit stern.de, dass wir uns zunächst selbst kennenlernen sollten, bevor wir die Partnersuche starten.[5] Erst wenn ich weiß, wer ich bin, kann ich auch wissen, was ich will. Klingt psychologisch, ist auch psychologisch!

Wenig verwunderlich: Hugo Schmale ist deutscher Psychologe und Philosoph. Bereits in den sechziger Jahren begann er mit experimentalpsychologischen Tests und Fragebögen, die vorwiegend in Jugendzeitschriften veröffentlicht wurden.[6] Sie sind auch eine der Grundlagen für den Parship-Algorithmus.

Wie genau dieser funktioniert, will Parship derweil nicht verraten. Die Geheimzutaten des algorithmischen Rezepts behält sich das E-Dating-Unternehmen vor. Hugo Schmale möchte nur so viel preisgeben, dass das Verhältnis von Übereinstimmungen und Gegensätzen unter den Personen in einem vertretbaren Rahmen verlaufen sollte.[7] Wir können also nicht wissen, wie diese Fragen ineinandergreifen und letztendlich einen Prozentwert ausspucken, der uns potenziellen Partnern nähert oder von ihnen entfernt. Die Wahrscheinlichkeit ist allerdings relativ hoch, dass Parship auf ähnlichen Modellen wie eDarling und OkCupid basiert. Diese möchten wir Ihnen nun kurz vorstellen.

Basis für das Matching bei eDarling ist ein Persönlichkeitstest auf Grundlage des sogenannten *Fünf-Faktoren-Modells* (FFM)[8]. Dieses beinhaltet fünf stabile Dimensionen der menschlichen Persönlichkeit, die unabhängig vom Kulturraum bzw. Background einer Person festgestellt werden können. In den 1980er-Jahren entwickelt, gehören diese *Big Five* heute zu den essenziellen Konzepten der Psychologie.

Diesem Persönlichkeitstest muss sich jedes Mitglied stellen. Dabei gilt: Je mehr Informationen preisgegeben werden, desto genauer kann das Profil bestimmt werden. Neben der Beantwortung des Fragebogens haben zusätzliche Angaben, beispielsweise zum bevorzugten Alter oder den Rauchgewohnheiten eine gewichtete Rolle. So sind Gemeinsamkeiten in den Profilen bedeutend, aber nicht maßgeblich. eDarling erklärt uns dankenswerterweise, dass die richtige Mischung aus Gemeinsamkeiten und Gegensätzen entscheidend ist.[9] Als Beispiel wird die Charaktereigenschaft Sturheit genannt. Ergibt sich aus dem Persönlichkeitstest, dass zwei Menschen so flexibel wie ein Amboss sind, ist das zwar eine Ähnlichkeit, aber kaum förderlich für eine gelungene Partnerschaft. Insofern werden diese beiden Profile auch nicht zusammengeführt werden.

Eine etwas andere Vorgehensweise hat das Vermittlungsportal OkCupid aus den USA, das seinen Algorithmus offengelegt hat. Bei dieser Dating-Seite werden dem User verschiedene Fragen gestellt, deren Anzahl er sich aussuchen kann. Dabei müssen Wichtigkeit der Frage und akzeptable Antworten eines möglichen Partners angegeben werden. Daraus berechnet das System schließlich einen Wert zwischen 0 und 100, der aussagen soll, inwieweit zwei Menschen zueinander passen. Bei der Auswertung werden jedoch nur die Fragen beachtet, die beide Nutzer beantwortet haben.[10] Anhand eines Beispiels von OkCupid möchte ich Ihnen nun kurz den algorithmischen Vorgang erläutern:[11]

Eine Frage bei OkCupid besteht in der Regel aus mehreren Bestandteilen. Sie beinhaltet die Fragestellung selbst, die Antwort des Nutzers und wie er die Antwort seines potenziellen Partners erwartet. Zusätzlich muss er angeben, wie wichtig ihm die Frage ist. Einen Algorithmus zu erklären, ist wirklich keine einfache Aufgabe. Wir wollen es nicht nur versuchen, sondern auch so gestalten, dass es jeder versteht. Das möchten wir mit unseren beiden Probanden Erwin und Susi machen. Zur Vereinfachung stellen wir ihnen nun zwei simple Fragen. Dabei gehen wir von dem Fall aus, dass diese die einzigen beiden wären, die in einer Beziehung entscheidend sind.

Erwin und Susi gehören zu der Gattung Mensch, die bisher bei der Partnerwahl auf klassischen Wegen wenig Erfolg hatten. Erwin ist ein an sich eher introvertierter Typ. Meist sitzt er so lange an der Bar, bis er irgendwann zu betrunken ist, um eine Frau noch unfallfrei anzusprechen. Der typische Deutsche eben. Susi hingegen ist viel zu extrovertiert und labert die Leute immer so lange voll, dass selbst diejenigen, welche zu Beginn Interesse an ihr hatten, irgendwann abspringen, weil sie sich das Geseiere nicht mehr anhören können. Zu Deutsch: Beide sind im Grunde genommen nicht vermittelbar!

Doch zum Glück gibt es den Algorithmus! Dieser hilft Erwin und Susi nun! Zunächst müssen sie aber die Fragen beantworten.

FRAGE 1: **Wie unordentlich sind Sie?**
- Sehr unordentlich
- Mittelmäßig
- Sehr organisiert

Antwort von Erwin:	**Sehr organisiert**
Antwort, die Erwin von Susi erwartet:	**Mittelmäßig oder Sehr organisiert**
Erwins Gewichtung der Frage:	**Sehr wichtig**
Antwort von Susi:	**Mittelmäßig**
Antwort, die Susi von Erwin erwartet:	**Mittelmäßig**
Susis Gewichtung der Frage:	**Ein bisschen wichtig**

FRAGE 2: **Sind Sie in einer Beziehung jemals fremdgegangen?**
- Ja
- Nein

Antwort von Erwin:	**Nein**
Antwort, die Erwin von Susi erwartet:	**Nein**
Erwins Gewichtung der Frage:	**Ein bisschen wichtig**

Antwort von Susi:	**Ja**
Antwort, die Susi von Erwin erwartet:	**Nein**
Susis Gewichtung der Frage:	**Relativ wichtig**

Um aus diesen Angaben nun einen Prozentwert zu erhalten, müssen Erwins und Susis Aussagen in Zahlen umgewandelt werden. Bezüglich der Gewichtung haben sie folgende Werte:

Nicht wichtig:	**0 Punkte**
Ein bisschen wichtig:	**1 Punkt**
Relativ wichtig:	**10 Punkte**
Sehr wichtig:	**250 Punkte**

Zwei weitere Fragen sind weiterhin essenziell:

1. Wie zufrieden ist Erwin mit den Antworten von Susi?
Wir sehen, dass Erwin die Antwort von Susi zu Frage 1 glücklich macht. Ordnung, zumindest eine mittelmäßige, ist ihm sehr wichtig. Insofern verbuchen wir es als positiv, dass Susi mittelmäßig organisiert ist. Zur Belohnung erhält Erwin 250 Punkte. Bei Frage 2 antwortet Susi allerdings nicht wie gewünscht. Erwin ist noch nie fremdgegangen und erwartet dies auch von Susi. Allerdings ist Erwin ein offener Typ und findet Treue nur ein bisschen wichtig. Deswegen erhält er einen Punkt. Daraus ergeben sich nun 251 mögliche Punkte, von denen Susi mit der Beantwortung der ersten Frage 250 erhält. Mathematisch betrachtet teilen wir nun 250 durch 251 und kommen so auf einen Wert von 99.6 Prozent der Übereinstimmung.

250/251 = 99,6 Prozent

2. Wie zufrieden ist Susi mit den Antworten von Erwin?
In Bezug auf die Gewichtung hat Susi auf die erste Frage einen Punkt gesetzt, auf die zweite Frage zehn. Das ergibt nun elf Punkte, von denen Erwin zehn verdient hat. Wir teilen wieder:

10/11 = 91 Prozent

Um nun den Matching-Wert von Erwin und Susi zu erhalten, werden beide Zahlen miteinander multipliziert und schlussendlich die Quadratwurzel gezogen.

√(91 Prozent * 99,6 Prozent) ≈ 95 Prozent

Daraus ergibt sich, dass Erwin und Susi anhand dieser beiden Fragen ziemlich gut zueinander passen. Wir wünschen viel Erfolg!

Die Ineffektivität der Algorithmen

Insgesamt werden durch die Algorithmen Gemeinsamkeiten und Übereinstimmungen gesucht, anhand derer zwei Nutzer die Chance bekommen, sich kennenzulernen. Ob die computergesteuerte Partnerauswahl immer das Nonplusultra ist, sei dahingestellt. Dennoch leistet der Algorithmus ganze Arbeit, was firmeneigene Tests von OkCupid gezeigt haben.[12] Dabei mussten die Kompatibilitätswerte jedoch bewusst gefälscht werden, um herauszufinden, ob die Chance auf eine Konversation bei größerem Prozentsatz auch wirklich höher anzusiedeln ist.

Trotzdem sind diese Algorithmen schwer umstritten. In unserem speziellen Fall mögen sie Erwin und Susi geholfen haben. Aber gilt dies auch für den Rest? Denn Liebe ist kein fassbarer Wert wie beispielsweise der Alkoholgehalt in einem Getränk. 95 Prozent Übereinstimmung sind lediglich ein Orientierungswert, doch kein Rezept. Direkte Kommunikation, das *face-to-face* bei einem Kaffee oder Bier, der Klang der Stimme, der Geruch des Gegenübers: All das sind entscheidende Faktoren und Voraussetzungen auf dem Weg in die Liebe. Algorithmen können diese jedoch nicht erfassen. Sie können nicht wissen, wie ihre Nutzer offline miteinander umgehen. Sie können auch nicht wissen, ob ihre Nutzer die Wahrheit erzählen. Was schließlich hilft wochenlanges Chatten, wenn der Mann beim ersten Treffen plötzlich 15 Zentimeter kleiner als angegeben ist?

OkCupid konnte mit seinem Experiment zwar beweisen, dass Algorithmen durchaus eine Rolle spielen. Ich möchte Ihnen aber auch nicht vorenthalten, dass wir auf umfangreiche Gegenbehauptungen gestoßen sind. Eine dieser Thesen führt Eli Finkel an. Der Professor für Sozialpsychologie untersuchte in einer Studie[13] der Northwestern University Illinois die Unterschiede im psychologischen Verhalten bei On- und Offline-Dating. Bezüglich der algorithmischen Vorgänge kam er dabei zu dem Schluss, dass die Verringerung der Auswahl keinen Einfluss auf den Matching-Erfolg hat. Zusätzlich sind die Fragenkataloge, in denen Persönlichkeitsmerkmale und innere Einstellungen geprüft werden, keine ausschlaggebenden Punkte für das Wohlergehen einer Beziehung in althergebrachten Partnerschaften. Eli Finkel erklärt, dass sie zwar ein wichtiger Faktor sind, um sich kennenzulernen, jedoch nicht für eine erfolgreiche Partnerschaft.[14]

Tinder & Lovoo – Mobile-Dating leicht gemacht

Eine Lösung für diese Ineffektivität bietet *Mobile-Dating*, das in unserem geschichtlichen Überblick die aktuellste Form des Matchings darstellt. Auf einfache Weise verbindet es Elemente des On- und Offline-Datings. Seit 2008 hat sich diese dritte Generation des E-Datings sehr erfolgreich entwickelt. Die bekanntesten Vertreter hierbei sind Tinder, Lovoo und Badoo. Um Ersteres, das 2012 in den USA entstand, nutzen zu können, benötigt es lediglich ein Facebook-Profil zum Login. Die einfache Bedienung ist sicherlich ein Grund, weshalb die App so verbreitet ist: Zwei Millionen Nutzer hat das Programm in Deutschland, etwa fünfzig Millionen weltweit.[15] Was früher noch durch ein persönliches Kennenlernen stattgefunden hat, geht heute über das Smartphone: Nach links wischen bedeutet „kein Interesse", nach rechts „interessiert". Gefallen sich zwei Personen, kommt es zum Match. Nur dann können sie gegenseitig in Kontakt treten. Das Ganze ist aufgrund seiner Reduzierung auf das Äußerliche herrlich oberflächlich und auch noch kostenlos nutzbar. In den USA ist der Begriff *left swiping* sogar zum Trendwort geworden, das zur Ablehnung benutzt wird.[16] Im Vergleich zu der vorherigen Variante sind hier keine Algorithmen bestimmend. Die Nutzer sind quasi auf sich allein gestellt. Kein Prozentwert empfiehlt ihnen, ob sie zusammenpassen oder nicht.

Ein ähnliches Vorgehen findet sich bei der deutschen App Lovoo. Per Radar wird dem Nutzer dort angezeigt, wo sich Suchende in seiner direkten Umgebung befinden. Lars Schmiedgen, Head of Brand von Lovoo, betont aber auch, dass die App keine Partnervermittlung ist. *„Wir verstehen uns als mobile Kennenlernplattform, in der sich hauptsächlich junge Menschen in* *der Zielgruppe zwischen 17 und 35 Jahren kennenlernen und treffen können. Durch das innovative Radar ist Lovoo vor allem für das Lokale konzipiert. Unsere User können sich leicht verabreden und schnell treffen."* Und hierin besteht der Gegensatz zu klassischem Online-Dating. Die Algorithmen treten in den Hintergrund und spielen nur eine untergeordnete Rolle. Denn sofern Alter, geschlechtliche Vorliebe und Umkreis übereinstimmen, werden dem User die Profile der anderen nicht vorenthalten. Zusätzlich verändern diese Just-in-Time-Möglichkeiten unsere Art des Datings. Wir werden spontaner und legen neue Verhaltensweisen an den Tag.[17]

Aber sind wir damit auch effektiver? Natürlich ist das Entscheidende beim E-Dating, mit welchen Absichten der betreffende Teilnehmer es nutzt. Lassen Sie mich hierzu abschließend die Geschichte von Amy Webb erzählen. Die Futurologin hatte klare Ziele: Sie wollte den Mann ihres Lebens kennenlernen. Den perfekten Traumprinzen, so wie sie ihn sich wünschte. Nach zahlreichen Enttäuschungen in Partnerbörsen entschied sich die US-Amerikanerin zu einer unkonventionellen Methode. Weil sie von Daten schon immer begeistert war, begann Amy von diesen jede Menge zu sammeln. Ihre Ergebnisse veröffentlichte sie 2013 im unterhaltsamen Bestseller *Data, A Love Story*[18].

Amy Webb hatte einen großen Plan: Sie wollte versuchen, das von Algorithmen bestimmte System des Online-Datings nachzubilden. Dazu stellte sie sich zunächst die Frage, welche Eigenschaften ihr Traummann haben müsse. Die durchaus wählerische Frau hatte dafür insgesamt 72 Punkte gefunden, die sie nach Prioritäten ordnete und mit Zahlenwerten von 1–100 belegte. Amys Familie reagierte verwundert und riet ihr, nicht ganz so wählerisch zu sein. Sie könne sich schließlich keinen Mann backen.

Amy jedoch blieb stur. Erst bei 700 Punkten würde sie einen Mann im Netz anschreiben bzw. antworten. Bei 900 Zählern ginge sie mit ihm aus und erst bei der Punktzahl von 1.500 bestünde die eventuelle Möglichkeit einer Beziehung. Aber nicht nur die Profile der männlichen Benutzer waren entscheidend, sondern vor allem das von Amy. So führte sie eine Marktanalyse durch. Wie musste ihr eigenes Profil beschaffen sein, um auch von genügend Männern kontaktiert zu werden? Also sammelte sie die Daten derjenigen Frauen, die auf den gleichen Typ Mann wie sie standen. Dazu erstellte sie sogar zehn Fake-Profile von Männern, um auch eine ausreichende Menge an Informationen zur Verfügung zu haben. Dabei unterschied sie zwischen qualitativen (Humor, Ton, Kommunikationsstil) und quantitativen (Durchschnittslänge des Profils) Merkmalen. Nach etwa einem Monat hatte Amy genügend Daten gesammelt, aus denen sie erstaunliche Antworten erhielt. So offenbarte sich, dass beliebte Frauen im Online-Dating durchschnittlich 23 Stunden warteten, bevor sie dem anderen User zurückschrieben. Ebenso war es von Vorteil, wenn sie optimistische Wörter wie *love, fun* oder *family* in ihrer Profilbeschreibung verwendete. Und natürlich – aber das ist eigentlich logisch – musste sie auf ihren Fotos ein wenig mehr Haut zeigen.

Letztlich führte Amy all diese Ergebnisse zusammen und verarbeitete sie in ihrem Profil, das sich dadurch aber im Wesentlichen nicht verändert hatte. Sie war immer noch sie selbst, allerdings optimiert für ein erfolgreiches E-Dating. Die erstaunliche Konsequenz? Amy war plötzlich die gefragteste Person online und erhielt mehr als tausend Anfragen. Mit dem überwiegenden Großteil trat sie aufgrund ihrer 700-Punkte-Regel trotzdem nicht in Kontakt. Erst als ein 850-Punkte-Mann sich meldete, ging sie mit diesem aus. Heute sind die beiden verheiratet und haben ein Kind. Amy hat also doch ihren Traummann gefunden.

Was lernen wir daraus? Tatsächlich gibt es einen Algorithmus für die Liebe. Bislang kann uns diesen aber noch kein E-Dating-Anbieter schreiben. Wie Amy sind wir glücklicherweise immer noch selbst dafür verantwortlich.

13. DIE SHARING ECONOMY

WIE BIG DATA ZUKÜNFTIG RESSOURCEN SPART

Wir befinden uns in Ägypten vor nicht allzu langer Zeit. Besser gesagt auf einer der Hauptverkehrsstraßen in Kairo, der 18-Millionen-Metropole. Temperaturen um die dreißig Grad sind hier keine Seltenheit. Und auch heute sticht die Sonne wieder vom Himmel. Vor uns Autos, so weit das Auge reicht. Hinter uns sieht es nicht besser aus. Stoßstange an Stoßstange. Abgaswolken der besonderen Art. Im Stau befindet sich auch Samira Negm, die auf dem Weg zu ihrem Büro ist. Für sie ist das Warten keine Besonderheit mehr.

Ganz im Gegenteil. Täglich fünf Stunden verbringt die junge Frau im Stau. Und es ist nur zu erahnen, wie sie sich dabei fühlen muss. Eine Geschäftsreise nach Stuttgart bringt sie jedoch auf eine Idee. Denn dort hat sie Mitfahrzentralen kennengelernt. Wäre das nicht auch etwas für ihren ägyptischen Arbeitsweg?

Das Problem hierbei: Ägypten ist nicht Deutschland! Mit Unbekannten mitzufahren wird als gefährlich eingestuft und auch der Austausch von Geld zwischen zwei Privatpersonen gilt als unbehaglich. Dennoch hält das die junge Frau nicht davon ab, sich ihr eigenes System zu überlegen: eine Mitfahr-App, die es erlaubt, dass der Nutzer zuerst soziale Kreise identifiziert, denen er sich zugehörig fühlt. Raye7 heißt die App, die im

April 2015 auf den Markt ging. Aktuelle Mitfahrgelegenheiten bekommt der User gleich auf sein Smartphone geschickt. Auch die unangenehme Geldtransaktion wird umgangen. Es wird mit Punkten gearbeitet, die bei Mitfahrern von der Handyrechnung abgebucht werden und bei Autobesitzern entweder in eigene Mitfahrgelegenheiten umgewandelt oder in Geld umgetauscht werden können.[1]

Hierzulande gelten Autos nach wie vor als Statussymbole. Edles Design und möglichst viele Pferdestärken, regelmäßige Wartung und sonntägliche Polierpflege. Gerne lassen wir uns diesen Luxus viel Geld kosten. Doch wie oft und vor allem wie effektiv nutzen wir nach der Anschaffung tatsächlich unser Auto? Verweilt es nicht zu einer überbordenden Mehrheit eher in der Garage? Tatsächlich liegt die Nutzungsdauer eines Pkws in der Bundesrepublik bei durchschnittlich 50 Minuten pro Tag. Das bedeutet eine Auslastung von gerade mal vier Prozent. Die restlichen 96 Prozent steht unser Auto – im Stau, an der Ampel, auf dem Parkplatz oder zu Hause.[2]

Lieber Leser, in diesem Kapitel geht es um das Teilen. Und zwar nicht um das Teilen eines Status oder eines Bildes, sondern das Teilen wirklich essenzieller Dinge, aus denen unsere Gesellschaft auch einen Nutzen ziehen kann. *Sharing Economy* nennt sich diese aufkommende Bewegung, deren Grundgedanke zwar keineswegs neu ist, sich durch die geschaffenen Möglichkeiten der Digitalisierung jedoch zusehends verbreitet. „Zugang statt Eigentum" lautet das Motto dieser Wirtschaft des Teilens, welche eine Dynamik in Gang setzt, die eine immense kommerzielle und kulturelle Auswirkung auf unser Leben haben wird! Stehen wir gar vor einer Konsumrevolution, die kapitalistisches Denken in einigen Jahren abschaffen wird?

Unser neuer Nachbar, das World Wide Web

Um diese Frage beantworten zu können, werfen wir zunächst einen spannenden Blick in die Geschichte des Teilens. Nicht nur unsere Fahrzeuge, sondern auch Kleidung, Kompetenzen, Arbeitsorte oder Werkzeuge mit anderen zu teilen ist in der Sharing Community ganz normal. Der dahinterstehende Vorgang ist letztlich nichts Neues. Geteilt und getauscht haben wir schon immer. Das ist schließlich eine Eigenschaft, die bereits unsere noch in Horden lebenden Vorfahren gepflegt haben. Und das lange bevor sie auf die Idee gekommen sind, sesshaft zu werden, anstatt immerfort durch die Gegend zu ziehen. Die Jagdbeute oder die gesammelten Wurzeln, das wärmende Fell und das nützliche Werkzeug aus Elfenbein: Alles hatte seinen Zweck für das Wohl der Gruppe! Das Teilen und Tauschen weckt also den Urinstinkt in uns und begleitet uns damit schon deutlich länger als die vergleichsweise minimale Zeitspanne des Kapitalismus, der unsere heutige Lebensweise seit etwa 150 Jahren prägt und enorm verändert hat.

Wir besitzen heute die technischen Methoden, um in deutlich größerem Ausmaß teilen zu können. Die Jäger und Sammler teilten innerhalb ihres Stammes und unsere Großeltern in ihrer Nachbarschaft oder unter Freunden. Äpfel gegen Birnen, Bohrmaschine gegen Winkelschleifer. Das war überschaubar. Durch die rasante Technisierung in den vergangenen Jahren ergaben sich allerdings deutlich größere Verbreitungswege des Teilens, sowohl geografisch als auch quantitativ.[3]

Plötzlich gibt es dafür jede Menge Portale, und das sogar partiell für komplette Nischenprodukte. Viel wichtiger als diese Plattformen sind jedoch die Menschen, die sie nutzen. Sie kommen aus allen Regionen der Welt, aus den verschiedensten

Bevölkerungsschichten und scheuen sich keineswegs davor, ihr Eigentum mit völlig Fremden zu teilen. Dies wäre vor einigen Jahrzehnten noch unvorstellbar gewesen und ermöglicht so dank der Technologie und den dazugehörigen Big-Data-Vorgängen ein völlig neues Vertrauen. Gerne reden wir in diesem Zusammenhang von der Generation Y, die sich nicht mehr danach einstuft, wie groß ihr Haus ist oder wie schnell ihr Mercedes fährt, sondern nachhaltig denkt und deswegen Verkaufs- in Mietmodelle umwandelt. Diese jungen Menschen sind es auch, welche die Share Economy mit ihren zahlreichen innovativen Ideen in die Welt tragen. Vornehmlich sind es auch sie, die davon profitieren.

„If you're going to San Francisco ..."

Keineswegs ist es demnach verwunderlich, dass diese „neue" Sharing-Bewegung ihren Ausgangspunkt in San Francisco hat: der kalifornischen Hippie-Stadt der ewig Jungen, die – ihrem Namensgeber Franz von Assisi gleich – in der Tradition der sogenannten *Imitatio Christi*[4] stehen, also eine Lebensweise der Einfachheit und des Teilens anstreben. Besonders deutlich wurde dies gegen Ende der sechziger Jahre, als die Hippie-Bewegung von der *City by the Bay* aus in die ganze Welt getragen wurde. Die oft vorherrschende Meinung, die Anhänger dieser Interessengemeinschaft wären in spirituellem Gedankenchaos und unter Einflussnahme halluzinogener Drogen dem Leben entflohen, ist schlichtweg falsch angesichts der Tatsache, dass sie gewillt waren, neue Lebensweisen und Umgangsformen in der Gesellschaft zu etablieren. So edel der Gedanke von einer Kultur des gemeinschaftlichen Nutzens auch war, er setzte sich nicht durch.

Und die Anhänger der Sharing-Bewegung mit den Öko-Aktivis-
ten der Siebziger zu vergleichen, wäre sowieso verfehlt. Denn
die heutige Generation ist ständig vernetzt und durchgehend
kommunikativ. Sie teilt Fotos und Gedanken, sie teilt Meinun-
gen, Musik und Videos. Anonymität ist ihr ein Fremdwort und
Berührungspunkte sind zahlreich vorhanden. Der deutlichste
Unterschied beider Gruppen liegt aber sicherlich in der Tatsache,
dass früher geteilt und dadurch entbehrt wurde. Wenn wir heute
teilen, erhoffen wir uns davon allerdings einen Mehrwert. So
widersprüchlich das auch im ersten Moment erscheinen mag.
Wir werden gleich auf diesen Punkt zurückkommen.

Uber & Airbnb: Flexible Formen der Mobilität

Durchaus darf San Francisco heute als „Sharing-Mekka" bezeichnet werden. Verkehrsprobleme sind dort nicht mehr exis-
tent, da Privatautos bereits als Auslaufmodelle gelten. Kein
Wunder: Die Transportunternehmen Uber und Lyft sind hier
gegründet worden. Auch die Wohnraumvermietungsplattform
Airbnb hat ihren Sitz in der kalifornischen Metropole. Nach-
haltigkeit und Umweltschutz sind in San Francisco und auch
mittlerweile an vielen anderen Orten weltweit Begriffe, die
ganz gerne großgeschrieben werden.

Einen privaten Fahrdienst hat wahrscheinlich jeder von uns
schon in Anspruch genommen, indem er Freunde gefragt hat,
ob sie einen zum Flughafen fahren oder von einer durchzech-
ten Nacht vor dem Club abholen können. Dass wir demjenigen
für seine Dienste einen Obolus in die Tasche stecken, erscheint
uns normal und angemessen. Daraus ein Geschäftsmodell zu
konstruieren, ist genial!

Uber ist mittlerweile in 59 Ländern weltweit vertreten und über ein Smartphone jederzeit erreich- und buchbar.[5] Im Gegensatz zur traditionellen Form des Personentransports hat Uber die Vorteile der digitalen Welt besonders erfolgreich für sich genutzt!

Per App wird ein Fahrer bestellt, dessen Profil zuvor bereits vollends einsehbar ist: aus welcher Stadt er kommt, welches Auto er fährt und wie ihn andere Gäste bewertet haben.

Konträr zu klassischen Taxiunternehmen sind diese Bewertungen extrem wichtig. Sie entscheiden letztlich, wie erfolgreich ein Uber-Fahrer ist. Weiterhin zeigt die App an, wo sich der Fahrer gerade befindet, und berechnet bereits den voraussichtlichen Preis unserer Reise durch die Stadt. Sind wir am Ziel angekommen, wird der Fahrer automatisch über die App bezahlt. Die Vorteile der Mitfahrzentrale liegen also auf der Hand: Flexibilität und bargeldlose Bezahlung! An Zeit und Geld sparen wir bekanntlich ganz gerne. Deswegen haben Uber und Lyft im Vergleich zu herkömmlichen Taxiunternehmen auch so großen Erfolg.

Ein ähnlich flexibles Konzept bietet sich uns bei Airbnb. Die Vermittlung von Privatwohnraum fügt sich nahtlos in das beschriebene Bild der Sharing Economy und seiner Mitglieder ein. Hier finden wir einen riesigen Marktplatz, in dem online und mobil inseriert, gebucht und vor allem entdeckt werden kann.[6] Mittlerweile bietet das Unternehmen Wohnraum in mehr als 190 Ländern, in über 34.000 Städten und das mit bereits 40 Millionen Gästen. Egal, ob für Durchreisende oder Urlauber, für Geschäfts- oder Privatleute: Es ist für jeden etwas dabei! Das Zimmer für eine Nacht, die komplette Wohnung für zwei Wochen oder eine Villa für einen ganzen Monat! Es profitieren dabei beide Seiten. Gastgeber verdienen mit ungenutztem Wohnraum Geld und Gästen eröffnet sich die Chance, die besuchte Stadt aus einem anderen Blickwinkel als durch das Hotelfenster kennenzulernen.

Beide Modelle sind extrem erfolgreich und haben um sich herum bereits eine Vielzahl gleicher Plattformen entstehen lassen. Selbst Großkonzerne sind auf diesen Zug schon aufgesprungen. Der Automobilhersteller BMW und das Mietwagenunternehmen Sixt präsentieren beispielsweise mit DriveNow das mittlerweile erfolgreichste Carsharing-Angebot Deutschlands. Eine halbe Million Menschen nutzen es in fünf deutschen Großstädten. Sicherlich werden diese bald um weitere ergänzt. Hier ist vor allem Flexibilität vorbestimmend. Benötigen wir ein Auto, suchen wir einfach in der dazugehörigen App die Umgebung schnell nach dem nächsten ab, öffnen es per Chipkarte, fahren an unseren Bestimmungsort und lassen es dort für den nächsten Nutzer stehen. Ressourcen sparen leicht gemacht!

Die Renovierung des Gemeinschaftswohls

Fürwahr erleben wir nun eine signifikante Verschiebung unseres Konsumverhaltens. Das bedeutet jedoch nicht, dass wir weniger konsumieren. Der Verbrauch von Neuwaren nimmt durch die Sharing Economy nicht ab. Tatsächlich steigen die Konsumausgaben privater Haushalte von Jahr zu Jahr.[7] Zusätzlich nimmt aber auch die Sharing-Ökonomie zu, wodurch sich den Nutzern plötzlich ein deutlich vielseitigerer Markt erschließt.

Beide Prinzipien beweisen: Wir hören nicht auf zu wachsen! Vielmehr wachsen wir anders, in viele verschiedene

Richtungen und mit Prinzipien, die für unterschiedlichste Nachfrager anreizend sind. Erst die neuen Technologien haben uns bewusst werden lassen, wie viel Potenzial in unserer Marktwirtschaft steckt und dass gemeinsamer Konsum eine vielversprechende Alternative zum ausufernden Hyperkonsum des 20. Jahrhunderts ist.[8]

Wohin wir damit gehen, ist eine noch offene Frage. Rachel Botsman, Autorin des Buches *What's Mine is Yours: The Rise of Collaborative Consumption*[9] und eine der offensivsten Vertreterinnen der Sharing Economy, versucht diesem Phänomen auf den Grund zu gehen. Für sie ist eine Ökonomie, die auf Hyperkonsum ausgelegt ist, zum Scheitern verurteilt. Ein System, das immer mehr und mehr anhäuft und irgendwann wie ein Kartenhaus in sich zusammenfallen wird. Diesen Einsturz haben wir mit dem Zusammenbrechen der Finanzmärkte seit 2007 wohl schon erlebt. Was daraus wächst, sind neue Ideen und Gedanken! So ist die Ökonomie des Teilens sicherlich auch ein Produkt des Finanzcrashs. Aus diesem renovierten Glauben in die Bedeutung des Gemeinschaftswohls verbunden mit der Thematik, die anschwellenden Probleme auf unserer Welt zu lösen, ergibt sich nun eine formidable Grundlage für eine gerechte Sharing Economy.

Wo ist dann eigentlich noch Platz für den Kapitalismus? Wird er sich wirklich abschaffen wie eine Seifenblase, die immer größer wird und irgendwann in ihre einzelnen Partikel zerbirst, weil Schneeballsysteme naturgemäß am Ende ihren Taupunkt erreichen?

Zugegebenermaßen erscheint uns das schwer vorstellbar. Nüchtern betrachtet sind eine Vielzahl der vorhandenen Angebote nichts weniger als kapitalistisch geführte Geschäftsmodelle. Airbnb teilt nicht, weil Teilen ein solch edler Gedanke ist, sondern weil dadurch innerhalb weniger Jahre ein höchst profitables Unternehmen ohne Vermögenswerte aufgebaut werden konnte. Die Wohnraumvermietungsplattform hat nur deswegen derartigen Erfolg, weil der voluminöse Großteil der Hausherren daran Geld verdient. Sharing Economy ist keine Kultur des Kostenlosen! Von dieser Vorstellung sollte man sich dringend trennen. Wir entbehren nicht, sondern wollen mehr.

Das musste auch die deutsche App WHY own it zu spüren bekommen. Dort konnte nahezu alles untereinander ausgetauscht werden. Denn wozu eine Bohrmaschine kaufen, wenn ich sie mir leihen kann? Schließlich brauche ich nur ein Loch – und keine Bohrmaschine! Die Macher erhofften sich von ihrem simplen Konzept, dass die Menschen weniger Gebrauchsgegenstände kaufen und dadurch Ressourcen sparen würden. Schlussendlich hakte es jedoch daran, dass einfach zu wenige Menschen partizipierten. Wir leihen uns gerne etwas aus. Wenn es aber darum geht, etwas zu verleihen, sind wir plötzlich weniger offen. Und selbst wenn: Lieber kaufen wir uns eine Bohrmaschine, weil man sie dann immer gleich zur Hand hat und nicht erst per App ausleihen muss.[10]

Wird die Sharing Economy nach einiger Zeit abtauchen wie die Hippies aus den Siebzigern? Wohl nicht! Noch stehen wir am Anfang dieser neuen Form der Ökologie. Eine Transformation von kapitalistischen Marktprozessen in nachhaltige Wiederverwendungsmodelle benötigt ihre Zeit. Unternehmen werden entsprechende Konzepte entwickeln müssen, um diesen Zug nicht zu verpassen.

Und sind wir doch mal ehrlich: Letztlich ist der Grund für das Teil-, Tausch- und Leihprinzip doch egal. Hauptsache, es wird betrieben! Denn teilen kann nur, wer auch etwas besitzt!

14. CHIPS FOR KIDS

WARUM ICH MEINEM KIND EINEN CHIP EINSETZEN WÜRDE

Es liegt in der Natur besorgter Eltern, dass sie immer gerne wissen möchten, wo sich ihr Kind gerade aufhält. Eine gesunde Mischung aus Vertrauen und Kontrolle soll es bekanntlich sein, mit der wir unsere Kinder erziehen. Das Kommunikationszeitalter bietet uns dafür nun großartige, aber auch sehr umstrittene Möglichkeiten!

Einen Versuch, die Auswirkungen der Digitalisierung einem breiteren Publikum erfahrbar zu machen, startete der bekannte US-amerikanische Autor Dave Eggers mit seinem Roman *The Circle*[1], der 2014 lange Zeit die Belletristik-Bestsellerlisten anführte. Er behandelt zahlreiche potenzielle Mittel und Wege, die anhand von Datenanalysen nicht nur morgen, sondern auch heute schon möglich sind. Diese sind zwar schauderhaft einseitig und urteilslos dargestellt, eröffnen jedoch immerhin den Blick in eine Zukunft, vor der sich der Leser fürchten soll. Eine Utopie, die uns sehr nahe gekommen ist, weil wir bereits jetzt mittendrin leben und ihre Auswirkungen zu spüren bekommen.

Die Hauptfigur Mae Holland, eine an Naivität kaum zu überbieten de 24 Jahre junge Frau, erhält das Jobangebot ihres Lebens. Sie beginnt in der Kundenbetreuung beim Unternehmen *The Circle*, das ein offensichtliches Abbild vom

Arbeitsmodell Google ist. Mae klettert die Karriereleiter innerhalb kürzester Zeit nach ganz oben und treibt die Maxime des Unternehmens, „alles müsse transparent sein", bis auf die Spitze und darüber hinaus. Ohne auch nur ein einziges Mal ernsthaft zu reflektieren, was ihre Taten bedeuten und welche Allmachtsfantasien *The Circle* hat, stürzt sie sich blindlings in ein Transparenzprojekt, das selbst in Zeiten von Facebook und YouTube an Absurdität nicht zu überbieten ist.

Sie merken bereits: Das Buch hat mich wütend gemacht! Eine Sache, die nur am Rande angerissen wurde, hat dann doch mein Interesse geweckt. In einem der zahlreichen Projekte von *The Circle* sollte realisiert werden, dass jedem Kind auf der Welt ein Chip eingepflanzt wird. Sämtliche schulische Leistungen, aber auch private Fehltritte, ja im Grunde alles Wissenswerte rund um das Kind sollte auf diesem gespeichert werden, damit beispielsweise Studienplätze nur an die talentiertesten und gutbürgerlichsten vergeben werden können. Das Hauptziel war es jedoch, durch den Mikrochip jederzeit zu erfahren, wo sich das Kind gerade aufhält. Das macht Ihnen Angst? Mir nicht. Ich würde immer gerne wissen wollen, wo sich meine Tochter gerade befindet.

Das Tracking-Zeitalter hat begonnen

Vor nicht allzu langer Zeit ist ein Junge aus meiner Nachbarschaft, quasi direkt vor meinem Haus, von einem Herren aus einem Fahrzeug heraus belästigt und verfolgt worden. Bei dem Jungen handelte es sich um den Sohn eines Mitarbeiters in meinem Institut. Er rannte um sein Leben und anschließend haben wir erfahren, dass der Mitschnacker wohl in der Region schon häufiger aufgefallen ist. Für mich und uns war das ein Schock. Nicht aus der Zeitung konnte man davon erfahren, nicht im Fernsehen ist das passiert, sondern in unserer Straße. Fast wöchentlich muss ich in den Nachrichten lesen, dass Kinder verschwinden, Opfer von Gewaltverbrechen sind und verscharrt in tiefen Wäldern wiedergefunden werden. Das macht mir als Familienvater Angst! Wieso also sollte ich meiner Tochter nicht auch einen Chip einpflanzen lassen?

Der polizeilichen Kriminalstatistik ist zu entnehmen, dass in Deutschland im Jahr 2014 insgesamt 1.648 Fälle der Kindesentführung vorlagen.[2] Bei ca. 13 Millionen Minderjährigen in unserem Land ergibt sich damit eine jährliche Wahrscheinlichkeit von 0,01 Prozent, dass ein Kind entführt wird. Die Zahl der Vorfälle ist zudem seit 2008 durchgehend rückgängig. Auch wenn diese verhältnismäßig gering ist, soll sie doch keineswegs das Thema relativieren. Ist das eigene Kind betroffen, hilft einem selbst die niedrigste Wahrscheinlichkeit nicht weiter.

Eines Tages rief der Schulhort meiner Tochter an. Sie war verschwunden, und niemand wusste wohin. Meine Frau und ich bekamen Angst, waren voller Sorge und suchten panisch die Umgebung des Horts ab. Was, wenn ihr irgendetwas zustoßen würde, weil sie allein durch die Straßen läuft? Was, wenn sie jemand entführt hätte? Viele Gedanken gehen einem in solchen Momenten durch den Kopf. Es ist keinem Elternteil zu wünschen, dass es solche Augenblicke der Beklommenheit durchleben muss! Letztlich war unsere Tochter, ohne vorher Bescheid zu geben, zu einer Freundin mit nach Hause gegangen. Mit einem Tracker hätten wir uns in diesem Augenblick durchaus sicherer gefühlt.

Eltern 2.0

Naturgemäß sind Eltern um ihre Kinder besorgt. Gerne möchten sie jederzeit wissen, wo diese sich befinden und was sie dort machen. Das war jedoch nicht immer so. Erinnere ich mich an meine eigene Kindheit zurück, dann hatte ich in dieser vergleichsweise viel Freiheit. Ich fuhr jeden Tag allein mit dem Bus zur Schule und anschließend wieder zurück. Am Nachmittag ging ich raus, spielte mit Freunden und musste erst zurück zu Hause sein, wenn die Straßenlaternen ihr Licht warfen. Zum Fußballtraining bin ich mit dem Fahrrad gefahren. Elf Kilometer Strecke waren das hin und zurück. Durch den Wald. Kein Problem. Ich genoss viel Freiraum und Vertrauen vonseiten meiner Eltern. Das bedeutete aber nicht, dass sie sich weniger um mich sorgten.

Heute möchte ein Großteil der Eltern den Nachwuchs am liebsten direkt ins Klassenzimmer chauffieren. Während im Jahr 1970 noch 91 Prozent aller Kinder allein zur Schule liefen, tat dies dreißig Jahre später nur noch jedes fünfte Kind. Das hat natürlich mehrere Gründe. Einerseits gibt es immer weniger Dorfschulen, andererseits zählen bei der Schulauswahl andere Kriterien mehr als der Schulweg.[3]

Durchaus lässt sich heute also eine dahingehende Tendenz beobachten, dass vermehrt auf das Instrument der Kontrolle gesetzt wird. Und zwar vor allem wohl deshalb, weil wir mittlerweile die nötigen Mittel dazu besitzen. Allein mit einem Smartphone lässt sich jederzeit feststellen, wo sich der Nachwuchs gerade befindet und was er treibt. Ich bin mir sicher, dass meine Eltern und ihre Generation ebenso durchgerufen hätten, hätte es damals schon Smartphones gegeben.

Eltern, deren Erziehungsstil von Überbehütung und durchgehender Kontrolle geprägt ist, bezeichnen wir populärsprachlich als „Helikopter-Eltern", da sie ständig überwachend über ihren Kindern kreisen. Das ist kein neues Phänomen, gewinnt aber mit den nun geschaffenen Kommunikationsmitteln an mehr und mehr Bedeutung.

Seit einiger Zeit lässt sich nun die nächste Stufe beobachten, die wir in diesem Kontext als Eltern 2.0 bezeichnen möchten. Diese kontrollieren ihren Nachwuchs nun nicht mehr nur durch Anrufe, sondern durchgehend per Überwachungs-App. Mittlerweile ist auf diesem Gebiet ein lukrativer Markt entstanden.

Das getrackte Kind

Da wäre beispielsweise der GPS-Sender „Wo ist Lilly?", der im Übrigen auch in meiner Familie zum Einsatz gekommen ist. Dabei handelt es sich um eine kindergerecht in knalligen Farben gestaltete Armbanduhr, die dauerhaft darüber informiert, wo sich der Nachwuchs gerade befindet. Wer beim Namen „Wo ist Lilly?" aufmerksam geworden ist: Es handelt sich tatsächlich um ein Produkt, das zuerst für Hunde und Katzen konzipiert war. Der Firmenbesitzer des Berliner Start-ups myfairdeal hatte es nach seinem Labrador benannt.[4] Anfangs gab es den Tracker erst als Sender, der beispielsweise am Rucksack des Kindes befestigt würde. Aber was, wenn dieser verloren geht oder geklaut wird?

Die Armbanduhr ist derweil nicht nur ein GPS-Sender, sondern bietet noch viele weitere Funktionen. Neben der Standortbestimmung ist sie mit einer kostenlosen App für die Eltern koppelbar. Mit dieser können sie anrufen, Sprachnachrichten schicken und sogar einen sogenannten „Geo Zaun" einrichten. Wir können uns diesen als einen gezogenen Kreis auf der Landkarte vorstellen. Bewegt sich das Kind außerhalb dieser sicheren Zone, werden die Eltern benachrichtigt.[5] Für Notfälle gibt es sogar einen SOS-Knopf, den das Kind bei Gefahr betätigen kann. Sofort werden den Eltern die Positionsdaten vom Nachwuchs geschickt.

Ebenfalls zum Testeinsatz kam die Familien-App Familonet. Im Prinzip ist sie ein Chat und vergleichbar zu WhatsApp. Nur lassen sich auch bestimmte Standorte einpflegen. Zum Beispiel das Zuhause, der Kindergarten, die Schule oder die Arbeit. Jedes Mal, wenn ein Familienmitglied einen dieser Orte betritt, wird den anderen ein Standpunkt geschickt. Die Tochter weiß, wo Papa ist, und Mama weiß, wo sich Oma gerade aufhält.

Alles schön und gut, werden Sie nun sagen. Aber brauchen wir so etwas? Wenn es darum geht, unsere liebsten Dinge zu sichern, dann sind wir Deutschen darin nahe an der Perfektion. Verlieren wir unser Smartphone, können wir dieses mittlerweile auch ohne vorher installierte Sicherheits-App schnell ausfindig machen. Ist der Hund mal wieder entlaufen, orten wir ihn einfach per GPS. Und wird das Auto gestohlen, können die Behörden dieses – oder zumindest seine Einzelteile – zeitnah durch Tracking-Systeme aufspüren. Die moderne Technik gibt uns schon großartige Mittel an die Hand. Wenn wir aber vom Schutz unserer Kinder sprechen, sind diese technischen Instrumente plötzlich eine riesige Gefahr für unsere Freiheit.

Woher kommt diese Angst? Auch dafür gibt es natürlich einige vertretbare Gründe. An erster Stelle steht selbstverständlich das Thema Datenschutz. Ist es gewährleistet, dass nur die

Polizeibehörden selbst und gegebenenfalls die Eltern Zugriff auf die Ortungsdaten unserer Kinder haben? Kann hundertprozentig davon ausgegangen werden, dass die Tracker nicht plötzlich selbst getrackt werden und dadurch letztlich ein gegenteiliger Effekt entsteht? Wir können diese Skepsis wohl als *NSA-BND-Trauma* bezeichnen. Denn seit den Enthüllungen von Edward Snowden dürfen wir zu Recht alles anzweifeln. Im Schatten dieser Affäre ist es deswegen keineswegs einfach für derartige Technologien.

Selbst aus pädagogischer Sicht muss das Tracking von Kindern einer kritischen Betrachtung unterzogen werden. Ziel eines jeden Elternpaares sollte es schließlich sein, dem Kind eine selbstbewusste Persönlichkeit zu vermitteln. Aber suggerieren wir dieses Selbstvertrauen, indem wir es überwachen? Man muss abwägen, ob der Antrieb derartiger Kontrollmethoden Angst oder eher zu große Fürsorge ist! Durchaus ist kritisch anzumerken, dass wir unsere Kinder im Wissen des stetigen Trackings auf eine unfreie Zukunft vorbereiten. Aber ist es nicht gleichermaßen verfehlend, wenn wir unseren Kindern diesen Schutz verwehren?

Zudem sollte an dieser Stelle definiert werden, von welcher Altersgruppe wir sprechen. Ein junger Heranwachsender bringt selbstverständlich aufgrund seines Alters eine höhere Eigenverantwortung mit als ein Kind von sechs bis zehn Jahren. Meine Tochter ist neun und fühlt sich keineswegs überwacht, wenn ich sie anrufe und frage, ob sie gut in der Schule angekommen ist. In einigen Jahren wird das sicherlich anders sein. Bis dahin jedoch bin ich froh, diese Möglichkeit zu besitzen.

Immer mehr Menschen nutzen heutzutage Tracking-Apps. Wir begegnen hier nicht einem Trend, der bald wieder abebben wird. Insofern sollten wir diese Form der Kontrolle nicht schon von vornherein verteufeln, nur weil es sich um Überwachung handelt. Wir sollten immer bedenken: Nicht das Werkzeug ist schlecht, sondern die Art und Weise, wie man es benutzt!

Wieso nur Kinder?

Versuchen wir mal, uns dem Thema noch von einer anderen Seite zu nähern: Wieso eigentlich nur Kinder? Kaum eine Krankheit hat sich in den letzten Jahren so offensiv in den Vordergrund gedrängt wie Demenz. Von Jahr zu Jahr steigt die Anzahl dementer Menschen in unserer alternden Gesellschaft. Menschen, die immer mehr Probleme mit dem Kurzzeitgedächtnis, dem Denkvermögen sowie ihrer Sprache und Motorik haben. In einigen Fällen treten zudem Veränderungen der Persönlichkeitsstruktur auf. Unsere liebsten Angehörigen verändern sich, und wir sind gezwungen, ihnen hilflos dabei zuzusehen! Wer dement ist, vergisst im Laufe der Erkrankung immer mehr. So können Betroffene plötzlich nicht mehr die Uhr lesen und vergessen, dass Feuer heiß ist. Wer so etwas vergisst, läuft selbstverständlich auch Gefahr, die Orientierung zu verlieren. In der Medizin wird dieses Phänomen auch als *Weglauftendenz* bezeichnet. Wenn demente Menschen weglaufen, kann das verschiedenste Gründe haben. Plötzlich fällt ihnen ein, dass sie dringend zur Arbeit müssen oder ihr Kind aus der Schule abholen. Dabei handelt es sich um Ereignisse, die bereits viele Jahre zurückliegen. Ist ein dementer Mensch erst mal weg, benötigt es in vielen Fällen einer groß angelegten Suchaktion. Orientierungslos irren Demente durch die Straßen und Wälder, selbst bei größter Kälte, im Schnee- und Regenchaos. Ein Tracker ist in solchen Fällen besonders hilfreich, sofern durchgehend abgerufen werden kann, wo sich der Gesuchte gerade befindet. Denn von demenzkranken Mitbürgern ist nur schwer zu erwarten, in solchen Fällen ein Telefon zu benutzen. Was zum Beispiel ist mit Autisten? Auch hier ist eine vermehrte Weglauftendenz zu beobachten, die sich der Medizin bislang nur schwer erklären lässt. Autistische Menschen haben die besondere Angewohnheit, dass sie oft weglaufen, sich verstecken und gefährliche Umgebungen wie Gewässer anziehend finden. Das erschwert die Suche nach ihnen vehement.

Wägen Sie gut ab! Halten Sie es für verwerflich, diese bedürftigen Menschen zu tracken? Es geht in dieser Diskussion eindeutig um Mündigkeit. Also müssen wir uns die Frage stellen, ab wann jemand unmündig ist und deswegen per Ortungssystem kontrolliert werden darf. Die Antwort muss jeder selbst für sich finden.

Im Vergleich zu Dave Eggers Dystopie sind wir noch weit entfernt von einheitlichem Tracking. Betrachten wir allerdings die Fortschritte im Forschungsfeld der künstlichen Intelligenz, sind wir unweigerlich gezwungen, uns mit derartigen Fragestellungen zu beschäftigen. Die Lawine, welche auf uns zurast, ist erstaunlich, faszinierend und gleichermaßen in höchstem Grade beängstigend.

Vom Homo sapiens zum Postmensch

Welche Auswirkungen hat es eigentlich, wenn wir zusehends damit beginnen, unsere Körper mit Mikrochips und weiteren elektronischen Bauteilen auszustatten? Werden wir uns dann in naher Zukunft vom Mensch zur Maschine transformieren?

Verabschiedet sich unsere alte Welt und mit ihr zusammen unsere Werte, Gesetze und Moralvorstellungen, um einem neuen, dem *postmenschlichen Wesen* zu weichen? Mit diesen Fragen beschäftigt sich vor allem die philosophische Schule der Trans- oder auch Posthumanisten, welche die technologische Singularität[6] wie die Ankunft des Erlösers erwartet.

Diese Science-Fiction-Szenarien, die wir jahrzehntelang in die Zukunft verlagert haben, werden nun schrittweise in unsere Gegenwart modifiziert. Schon seit längerer Zeit erweitern wir unsere Körper mit technologischen Gerätschaften wie Hörgeräten, Herzschrittmachern und diversen Prothesen.

Sind wir dann nicht eigentlich schon zu Cyborgs geworden, wenn wir unsere Körper mit maschinellen Instrumenten ausstatten? Jemand, der diese These ganz offensiv postuliert, ist der britische Kybernetiker Kevin Warwick. Er bezeichnet sich selbst als ersten Cyborg der Menschheit, nachdem er sich im Jahr 1998 als erster Mensch einen RFID-Chip hat implantieren lassen, um Türen, Lichtschalter, Heizkörper und weitere elektronische Geräte steuern zu können.[7] Seiner Meinung nach wird die Menschheit bereits zur Mitte des 21. Jahrhunderts von vernetzter KI (künstliche Intelligenz) und Robotern beherrscht werden. Irgendwann würden sich dann wohl die Maschinen schämen, dass sie aus dem Menschen entstanden sind. So wie wir manchmal Scham empfinden, dass wir vom Affen abstammen.

Das klingt für Sie abgehoben und übertrieben, entlehnt aus Filmen wie Matrix oder Terminator? Tatsächlich ist es nur schwer vorstellbar, dass sich in einigen Jahrzehnten Maschinen selbst verbessern oder gar mit Menschen fusionieren werden.

Aber das ist ganz natürlich. Wer hätte vor hundert Jahren schon ahnen können, dass wir heute mit Smartphones kommunizieren, ein Computer Schachweltmeister wird und selbstfahrende Autos über unsere Straßen rollen? Tatsächlich ist die Vorstellung von künstlicher Intelligenz schon etwas älter. Bereits vor 3.500 Jahren gaben die alten Ägypter ihren Verstorbenen kleine Statuetten mit ins Grab, die sie *Uschebtis* tauften. Diese zumeist aus Fayence angefertigten Figuren galten als Stellvertreter der Toten. Das war auch nötig, denn in der ägyptischen Mythologie war es vorgesehen, dass die Toten selbst im Jenseits ihren Arbeitspflichten nachkommen mussten.[8] Also schuf man Uschebtis, um den Toten diese durchaus schweren Arbeiten zu ersparen. Damit tauchte zum ersten Mal in der Geschichte die Vorstellung eines Roboters auf, der stellvertretend für den Menschen Aufgaben erledigen sollte. Um die Ausführung auch zu gewährleisten, beschrifteten die Ägypter Uschebits mit diversen Instruktionen wie beispielsweise die Felder zu besäen oder Kanäle mit Wasser zu füllen. Heute bezeichnen wir solche Anleitungen als Algorithmen!

Das Paradox von künstlicher und natürlicher Intelligenz

Wollen wir definieren, was künstliche Intelligenz eigentlich sein soll, stoßen wir bereits auf das erste massive Problem. Denn schon unsere natürliche Intelligenz ist schwer zu beurteilen. Die kognitive Leistungsfähigkeit unseres Gehirns ist ein solch mannigfaltiges Wesen, dass es uns bislang noch immer nicht gelungen ist, seine komplette Leistungsfähigkeit zu erforschen.[9]

Um Intelligenz zu messen, behelfen wir uns ganz gerne mit einer Reihe von Tests. Diese können zwar eine Hilfe sein, um Menschen in intellektuelle Sparten einzuteilen, sind allerdings keine legitimen Messgeräte wie beispielsweise ein Amperemeter, das exakte Daten über die Stromstärke eines bestimmten Geräts abgibt. Wer ist Ihrer Meinung nach der Klügere? Derjenige, der das Bürgerliche Gesetzbuch auswendig aufsagen kann, oder derjenige, welcher mit seinen kreativen Ideen Probleme lösen kann?

Wie wir heute wissen, ist Intelligenz nicht ausschließlich genetisch bedingt. Sie setzt sich aus zahlreichen verschiedenen Komponenten zusammen, verändert sich, erweitert sich oder lässt im Laufe unseres Lebens nach. Intelligenz ist dynamisch! Sie ist kreativ, logisch, emotional, analytisch und vieles weitere. So sind wir Menschen zu den erstaunlichsten Leistungen fähig, die uns über jede andere Spezies auf dieser Welt überlegen gemacht haben.

Was aber ist nun KI? Im Grunde der Versuch, die außergewöhnliche kognitive Leistungsfähigkeit des menschlichen Gehirns in einen Computer zu transformieren. Bislang sind uns Computer eine großartige Hilfe im Leben, wie zum Beispiel ein Taschenrechner: Woran der Großteil von uns gnadenlos scheitern würde, erledigt er in Sekundenschnelle! Sind Computer dann etwa klüger als wir? Nein, denn sie versagen reihenweise bei den einfachsten Aufgaben. Gerne erinnere ich in diesem Zusammenhang an den japanischen Roboter *Asimo*, der Angela Merkel beim Staatsbesuch die für Menschen mühelose sensomotorische Fähigkeit des Handschlags verweigert hatte. Was uns also extrem leichtfällt, nötigt Computern einen unvorstellbaren Aufwand an Rechenleistung ab. Weil das so sonderbar ist, wird diese Tatsache auch ihrem Schöpfer nach als *Moravec'sches Paradoxon* bezeichnet.

Um wahrhaftige künstliche Intelligenz zu erschaffen, muss es den Menschen gelingen, die Komplexität unserer Welt auf einfache Weise in Computer zu übertragen. Dass dies bald gelingen wird, davon ist auch Ray Kurzweil überzeugt. Der US-Amerikaner nimmt die Pionierrolle in der Forschung zu künstlicher Intelligenz ein. Seine Kernbeobachtung ist das exponentielle Wachstum der Informationstechnologie, das wir in Form des Moore'schen Gesetzes bereits kennengelernt haben. Früher waren Computer extrem groß und verdammt teuer. Heute passen sie in jede Tasche, sind um Welten leistungsfähiger und zudem für jedermann erschwinglich. Kurzweil, der im Übrigen Chefingenieur von Google ist und annähernd zwanzig Ehrendoktortitel amerikanischer Universitäten trägt, sieht Computer bald sogar durch unsere Blutlaufbahn schwimmen. So werden wir uns Schritt für Schritt „maschinisieren". Wir werden dadurch aber keineswegs zu postmenschlichen Wesen, sondern unser Menschsein behalten.

Das größte und letzte Ereignis?

Viele mögen diese Entwicklung beunruhigend finden, weil bei KI oftmals suggeriert wird, dass sich die Maschinen irgendwann gegen den Menschen wenden werden. Aber betrachten wir die zahlreichen nützlichen Anwendungsfelder, wie beispielsweise die Überbrückung von geschädigten Nervenverbindungen im Rückenmark, halten sich die Proteste wieder in Grenzen. Bessere Behandlungen gegen Herzerkrankungen oder

Krebs unterliegen keinen Einsprüchen, weil sie uns schließlich helfen. Es wird kaum möglich sein, unser Leben von heute auf morgen zu maschinisieren. So wie die Digitalisierung einige Jahrzehnte benötigte, um in alle Lebensbereiche vorzudringen, wird auch die Erforschung künstlicher Intelligenz vieler kleiner Schritte bedürfen. Fakt ist allerdings, dass diese aufgrund von exponentieller Steigerung immer schneller aufeinanderfolgen werden!

Auch hier stoßen wir auf eine Entwicklung, die bereits im Gang ist und deswegen nicht mehr aufzuhalten sein wird. Nur wenn die komplette Menschheit beschließen sollte, dass Gentechnik, Nanotechnologie und Robotik zu gefährlich sind, könnte sie noch gestoppt werden. Das wird jedoch nicht geschehen! Lediglich totalitäre Systeme wären in der Lage, diesen Fortschritt einzudämmen. Wer jedoch technologische Innovationen verbannt, riskiert, dass sie in den Untergrund abtauchen und somit keiner staatlichen Kontrolle mehr unterliegen.

„Eine künstliche Intelligenz erfolgreich in Gang zu setzen, wäre das größte Ereignis der Menschheitsgeschichte. Bedauerlicherweise könnte es auch das letzte sein, solange wir nicht lernen, wie man die damit verbundenen Risiken vermeidet." STEPHEN HAWKING

Während Google und Facebook Milliarden in KI-basierte Technologieprojekte stecken, geht Elon Musk, Gründer von Tesla Motors und des Raumfahrtunternehmens SpaceX, den gegensätzlichen Weg. Er unterstützt die Forschungen des Future of Life Institute (FLI) aus Boston mit neun Millionen Euro, um sicherzustellen, dass künstliche Intelligenz nicht außer Kontrolle geraten und die Menschheit auslöschen wird.[10] Diese Summe floss vollends in zahlreiche Projekte des Instituts, das sich unter anderem damit beschäftigt, wer zum Beispiel haftet, falls ein selbstfahrendes Auto einen Unfall verursacht oder eine Post-Drohne beim Absturz Schaden anrichtet. Eben jene selbstfahrenden Autos, automatische Sprach- und Gesichtserkennung sowie die Entschlüsselung des Genoms sind erst der Anfang gewesen. Vielleicht wird es dann bald auch ganz normal sein, dass unsere Kinder mit Mikrochips getrackt werden. Ob ich meiner Tochter dann auch einen Mikrochip einpflanzen lassen würde? Das Thema ist heikel und viel umstritten. Aber unter gewissen Umständen würde ich dazu tendieren. Immer vorausgesetzt, dass Chips keine Schäden am menschlichen Körper anrichten und ein ausreichender Datenschutz vorläge. Warum ich das tun würde? Weil für den speziellen Fall der Kindesentführung auch Tracker wie die Uhr meiner Tochter oder diverse Familien-Apps keine Garantie für absolute Sicherheit sind. Schließlich ist eine der ersten Handlungen eines Entführers, digitale Geräte so schnell wie möglich zu entsorgen.

15. BIG DATA

KONKRETE CHANCEN FÜR DEN MITTELSTAND

Jedes Unternehmen, ganz egal welcher Größe, produziert Daten. So spielen zum Beispiel in der Finanzindustrie, dem Energiesektor und auch in weiten Teilen der Wissenschaft komplizierte Datenanalysen eine immer wichtigere Rolle. Aber welche Praktiken wenden die Konzerne an und kann der Mittelstand ebenfalls von Big Data profitieren?

Hierzu erfahren wir aus einer Online-Umfrage des Fraunhofer Instituts, welches Verständnis von kleinen und mittelständischen Unternehmen (KMU) in Deutschland über Big Data vorhanden ist.[1]

Dabei stellte sich heraus, dass die meisten KMU das Potenzial bereits erkannt hatten. Scheinbar zwei von drei Befragten erhofften sich durch effiziente Datenanalysen strategische Wettbewerbsvorteile und ganze 61 Prozent rechneten sich dadurch eine Umsatzsteigerung aus. Immerhin etwas mehr als die Hälfte stimmte noch für eine Einsparung der Kosten.

Eine zwei Jahre später vom Analysehaus techconsult erstellte Studie, der *Business Performance Index Mittelstand 2014*[2], lieferte hingegen ein etwas gegensätzliches und deswegen für uns so interessantes Ergebnis. Laut dieser Umfrage unter 1.000 Unternehmern kennen fast zwei Drittel den Begriff „Industrie 4.0" nicht bzw. können sich nicht allzu viel darunter vorstellen. Also zwei Drittel Begriffsstutzigkeit versus zwei Drittel *„Ich hab eine ungefähre Ahnung von dem Krimskrams und erhoffe mir von ihm Wettbewerbsvorteile"!* Wie stehen diese Ergebnisse zueinander, wo doch zwischen Erkennen des Potenzials und dem Nichtwissen über die Lösung ganze zwei Jahre liegen?

Die Antwort lautet ganz einfach, dass viele Mittelständler noch sehr wenig Ahnung von der Materie haben. Warum sollten sie auch? Verkaufen sie doch bisher ganz erfolgreich ihre Dichtringe für Gasleitungen und können sich als typisch deutscher Mittelständler damit „Hidden Champion" nennen. Gerade bei Unternehmen mit 100 bis 999 Mitarbeitern sind extreme Wissenslücken vorhanden, weil sie noch zu weit entfernt von *4.0-Prozessen* oder *M2M-Abläufen* (Machine-to-Machine) sind.

Sie können mit diesen Begriffen noch nichts anfangen? Macht nichts! Wir werden sofort darauf zu sprechen kommen.

Die Vision der Industrie 4.0

Wenn in den zurückliegenden Jahren Fertigungsstraßen in der deutschen Industrie betrachtet wurden, dann hatten diese zumeist den sexuellen Charme einer 89-jährigen Oma – drei Jahre nach deren Tod. Heutzutage allerdings könnte der technikgeile Beobachter von Produktionslinien (wir benennen ihn im Folgenden als Träger des Ottonormalbürgernamens Erwin Erkich) schnell zu libidinöser Ekstase neigen. Was macht das möglich? Die Vision der Industrie 4.0. Sprechen wir von Industrie 4.0, ist damit die kommende Revolution in der Industrie gemeint. Alles soll mit allem vernetzt sein und auf diese Weise vorteilhafter kommunizieren. Als Basis dafür dient das *Internet der Dinge*, das zum Ziel hat, die virtuelle Welt mit der realen zu verknüpfen. Klingt nach Science-Fiction, ist aber bereits Wirklichkeit. Denn Industrie 4.0 ist mehr als ein Gespenst, das sein Unwesen in Europas Produktionshallen treibt.

Nehmen wir hierfür ein kurzes, der Realität sehr nahes Beispiel:

Bei seinem Besuch in der mittelständischen Firma Lampen & Leuchten – Ludwig Lanz GmbH blickt Herr Erkich mit Begeisterung auf die Produktionsstraße im Fertigungsbereich 3b, in welchem Aluminiumgehäuse für jedwede Art von Lampen zugeschnitten werden. Diese Arbeit ist bereits durch einen programmierten Roboter maschinisiert. Die Mitarbeiter füttern ihn mit Aluminiumteilen, die er für jede Lampe individuell zurechtgepresst und -gestanzt kurz darauf wieder ausspuckt. Daran anschließend werden die Teile im nächsten Produktionsbereich weiterverarbeitet.

Probleme entstehen dann, wenn der Roboter entweder nicht regelmäßig gefüttert wird oder er keine beziehungsweise die falschen Teile ausspuckt. Die Produktionsstraße wird dadurch unterbrochen, wodurch Verzögerungen entstehen, die folglich zu Zeit- und Geldverlusten führen. Die Vision der Industrie 4.0 ist es, diesen Zyklus durch intelligente Maschinen zu verbessern. Wir sprechen dabei von *M2M-Vorgängen*, die eine *Smart Factory* definieren. In ihr werden die Hauptbereiche des Unternehmens zusammengeführt, indem sie durchgängig mittels Funksender über ein firmeneigenes Intranet kommunizieren. Der permanente Datenaustausch hat schließlich zur Folge, dass die Maschinen durchgehend optimal ausgelastet sind und die Produktion auf diese Weise flexibler wird. Werden derartige Gedankengänge konsequent fortgeführt, entwickelt sich aus der Smart Factory ein Produktionsmodell, in dem sich fortan ganze Fertigungslinien autozentriert organisieren. Gibt es beispielsweise durch Maschinenausfälle Unterbrechungen oder ändern sich Auftragsmengen, gleichen sich die Anlagen von selbst an die neuen Tatbestände an. So ist es möglich, bis hin zur Produktion von Einzelstücken auf jeden Kundenwunsch individuell und anpassungsfähig einzugehen. Der zum lasziven Begeisterungstaumel neigende Erwin ist berauscht. *„Das will ich auch für meine Dichtringe haben"*, stammelt er mit offenem Mund und weit aufgerissenen Augen.

Nehmen wir als weiteres Beispiel einen Bagger im Bergbau, der 24 Stunden im Einsatz ist. Bei einer derartigen Rundum-die-Uhr-Auslastung erhöht sich selbstverständlich die Wahrscheinlichkeit von Störfällen. Wird das Baugerät mittels eines Big-Data-Verfahrens gesteuert, erhält das Unternehmen durchweg Resonanz von der Maschine – in Echtzeit. So kann auf diese Weise nicht nur flexibel, sondern vor allem präventiv reagiert werden. Das Ziel ist es, auf Ausfälle einzugehen, noch bevor sie auftreten. Innovative Big-Data-Technologien wie M2M-Vorgänge mittels Cloud-Computing machen dies möglich und können gerade in industriellen Betrieben eine Vielzahl an Kosten einsparen.

Die Idee der Industrie 4.0 setzt sich immer schneller durch. Dagegen können wir uns nicht wehren – und sollten es auch nicht. Die vierte industrielle Revolution ist bereits jetzt schon mehr als ein Modell und mehr als eine Vision. Sie beginnt, sich in die Wirklichkeit zu transformieren! Wer jetzt nicht mitzieht, wird es zukünftig schwer haben. Wer sagt das? Lesen Sie selbst:

Die Erarbeitung des Wohlstands der Zukunft

*„Wir haben viele Jahre darüber gesprochen, aber jetzt passiert es mit Macht und mit großer Geschwindigkeit – die reale Wirtschaft [wird] mit der digitalen Wirtschaft immer stärker vernetzt. Wer in diesem Prozess nicht vorne mit dabei ist, wird in Zukunft Wohlstand nicht ausreichend mit erarbeiten können."*³ ANGELA MERKEL

In Deutschland stecken M2M-Prozesse weiterhin in den Kinderschuhen. War man jahrzehntelang führend auf den Gebieten des Maschinenbaus und der Produktion, hinkt man mittlerweile den USA hinterher, welche die Zeichen der Zeit früher erkannt haben. Während Barack Obama jüngst sogar die Renaissance der amerikanischen Industrie ausrief, lautet die nüchterne Feststellung der deutschen Politik: *„Wir müssen aufpassen, dass wir nicht noch weiter zurückfallen."*

Während in den USA also bereits flächendeckend Smart Factories entstehen, können in Deutschland weiterhin zwei Drittel der befragten Fachkräfte aus dem Mittelstand nichts mit dem Begriff Industrie 4.0 anfangen. Und das, obwohl er sogar Bestandteil des aktuellen Koalitionsvertrags der Bundesregierung ist. Bei aller Sorge um die deutsche Wirtschaft sollte nun jedoch keine Panik ausbrechen. Es empfiehlt sich, in Sachen Big Data nichts zu überstürzen. Die Materie ist ein komplexes Gerüst, dessen Besteigung zunächst Aufklärung und folglich langsamer Annäherung bedarf. Mit diesem Kapitel möchte ich Ihnen dabei helfen.

Beginnen wir mit der Frage, warum derart große Wissenslücken bestehen. Antworten darauf finden sich gleichermaßen in infrastrukturellen Voraussetzungen sowie in finanziellen und moralischen Bedenken.

Dies führt vom Auf- und Ausbau der IT-Abteilung bis hin zur Frage, wie sicher die Daten abgespeichert sind und ob das System auch zuverlässig arbeitet. Insofern ist es ratsam, sich vor dem Start von Big-Data-Projekten seines Status quo bewusst zu werden. Wo stehe ich und wohin möchte ich gehen? Was und wie viel Zeit benötige ich, um dorthin zu kommen? Einhergehend mit der Softwareentwicklung befindet sich Big Data nämlich in vielen Unternehmen weiterhin im Frühstadium. Das ist Fakt! Sie häufen zahlreiche Daten an, können diese jedoch aufgrund falscher Abspeicherung nicht oder nur unzureichend verwerten.

Stellen wir uns das als Vergleich im Kleinen vor:

Wie können Daten geordnet sein? Excel-Tabellen, CRM und ERP-Systeme oder gar Aktenordner. Es gibt viele verschiedene Möglichkeiten, Informationen auf Vorrat zu legen. Vielfalt ist hier nicht wirklich förderlich. Daten müssen zentral abgespeichert sein, sollen aus ihnen zugkräftige Rückschlüsse auf das eigene Unternehmen gezogen werden. Insofern ist an erster Stelle hervorzuheben:

Ordnen Sie Ihr Datenchaos!

Anschließend gilt es, diese Ordnung infrastrukturell abzusichern. Ist ausreichend Speicherplatz vorhanden?

Für große Unternehmen mit entsprechend hohem Datenaufkommen entstehen an dieser Stelle oftmals noch Probleme. Zu Beginn eines Big-Data-Projektes sind viele schlicht noch nicht ausreichend ausgestattet, um derart exorbitante Datenmengen wirksam zu sichern und zu verwalten. Hinzu kommen fehlendes Budget und Mangel an personeller Verantwortung, was sich jedoch in den kommenden Jahren in Form von subventionierter

Trainingsförderung verbessern soll. Die beiden Komponenten
Sicherheit und Qualität spielen nämlich eine enorme Rolle,
nicht nur für KMU, sondern auch für große Firmen.

Dabei stellen sich den meisten anfangs folgende Fragen:
Können wir den Daten vertrauen? Wer kontrolliert sie? Wer
schützt das Unternehmen vor Missbrauch? Immerhin hat laut
der Online-Umfrage des Fraunhofer Instituts jeder zweite Unternehmer im Mittelstand Datenschutzbedenken – und das
völlig zu Recht.

Datenschutz ist eine komplexe Angelegenheit, der nicht in
einem, sondern in mehreren Gesetzen auf Bundes-, aber auch
Landesebene geregelt ist. Ganz zu schweigen von Datenschutz-
gesetzen anderer Nationen, die durch die voranschreitende
Globalisierung wirtschaftlich eng mit Deutschland vernetzt
sind, jedoch nur wenigen oder zum Teil gar keinen Auflagen
unterliegen. So ergibt sich ein schwer durchschaubares, kom-
pliziertes Konstrukt an Richtlinien, das auf viele Unternehmer
verständlicherweise abschreckend wirkt. Insofern ist es dringend erforderlich, sich bereits in der Frühphase der Projektie-
rung von Datenanalysen mit der Legitimität seiner eigenen
Auswertungen vertraut zu machen.

Es kommt nicht auf die Größe an –
das Prinzip Small Data

Das alles sind jedoch ausschließlich technische Aspekte. Weit-
aus interessanter wird es vor allem für den Mittelstand, so-
bald es um Inhalte geht. Denn selbst die beste und sicherste
Technik hilft nicht, wenn zu viele bzw. falsche Fragen gestellt
werden. Konkrete Ergebnisse entstehen nämlich eher durch

weniger, dafür aber zielführendere Daten. Was nämlich hilft es, wenn alle vorhandenen Daten ausgewertet werden und dadurch Antworten entstehen, die man gar nicht erfragt hatte? Das Erfolgsprinzip lautet daher: **Small Data!**

Gerade mittelständische Unternehmen häufen in der Regel keine Unmengen von Daten an. Bei dezentraler Abspeicherung mag sich zwar der Eindruck großer, unübersichtlicher Mengen auftun. Im Gesamten jedoch sind diese Informationsmengen kein Vergleich zu denen, die große Unternehmen anhäufen. Small Data ist also zum einen der Sammelbegriff für die Methode zielführender Datenauswertungen, zum anderen aber auch die Bezeichnung für Datenmengen kleiner und mittelständischer Unternehmen. Werden beide Definitionen zusammengeführt, erhält man ein praktisches Erfolgsmodell für KMU. Kleine, spezialisierte Unternehmen mit überschaubarer Zielgruppe haben folglich nur eine bestimmte Menge an Daten. Diesen essenzielle Informationen zu entziehen, ist selbstverständlich einfacher als bei groß angelegten Big-Data-Analysen. Es kommt vieles auf die richtige Fragestellung an.

Ein Beispiel der Drogeriemarktkette DM zeigt auf, wie mit exakten Fragestellungen Big Data effizient für das Unternehmen nutzbar gemacht werden konnte. Dortiges Ziel war es, anhand von ausgewählter Datenanalyse den Einsatzplan der Mitarbeiter in den einzelnen Filialen zu verbessern. Wir kennen das beim Einkauf ja alle gut genug, wenn mal wieder nur eine Kasse besetzt ist und die Schlange bis zum Kondomregal reicht. Das Gegenteil fällt uns meist nicht auf, kommt jedoch ähnlich oft vor. Nämlich zu viele Mitarbeiter, die an schlecht besuchten Tagen durch die Gänge schleichen und so tun, als wären sie schwer beschäftigt.

Hinsichtlich der Umsätze und der Auswertung, welche Produkte zu welchen Zeiten verkauft wurden, konnte bei DM ein Zukunftsplan errechnet werden, der den Filialleitern aufzeigte, zu welcher Zeit mehr bzw. weniger Personal benötigt wird. Die Einsatzzeiten der Mitarbeiter erfolgten so nicht mehr auf Monats- oder Wochen-, sondern auf Stundenbasis.

Unternehmen wie DM oder auch die US-amerikanische Kaufhauskette Target, die eine aufschlussreiche Analyse über das Kaufverhalten schwangerer Kundinnen erstellt hatte, machen deutlich, wie Big Data wirtschaftlich erfolgreich nutzbar gemacht werden kann. Target ist nach WalMart der größte Discounter in den USA. Dort gibt es alles zu kaufen und das relativ preiswert. Die Datenanalysten des Unternehmens hatten bereits im Jahr 2002 die Idee eines Schwangerschafts-Vorhersage-Werts entwickelt. Die Umsetzung viele Jahre später war möglich, weil jeder Target-Kunde eine individualisierte Kundennummer bekam, die mit seinen Kreditkartendaten und der jeweiligen E-Mail-Adresse verknüpft war. So konnte Target Recherchen über das Kaufverhalten seiner Kunden anstellen und diese Ergebnisse mit Informationen von spezialisierten Datensammlern zusammenführen.

Eines Tages kam ein wütender Familienvater in einen Target-Markt nahe Minneapolis. Er verlangte nach dem Filialleiter, den er daraufhin mit Einkaufsgutscheinen für Babyzubehör konfrontierte. Diese hatte er am Morgen in der Post gefunden. Sie waren an seine Tochter adressiert, die zu diesem Zeitpunkt noch die Highschool besuchte.

„Wollen Sie meine Tochter wohl ermutigen, schwanger zu werden?"
Der Filialleiter begutachtete die Rabattgutscheine für Schwangerschaftsmode sowie -kosmetik und entschuldigte sich daraufhin für das Missverständnis bei seinem Kunden.

Wenige Tage später rief er nochmals beim Familienvater an, um sich zu versichern, dass keine weitere Post fälschlicherweise verschickt worden war.

Da antwortete der Vater: *„Ich muss mich bei Ihnen vielmals entschuldigen. Nach einer längeren Unterredung mit meiner Tochter habe ich feststellen müssen, dass sie tatsächlich schwanger ist. Ich hatte ja keine Ahnung von den Aktivitäten in meinem Haus."*

Diese kurze Anekdote ist ein guter Beweis dafür, wie viel Kenntnis Target von seinen Kunden hat und wie zuverlässig seine Algorithmen funktionieren. Aber wie hatte die Kaufhauskette die Schwangerschaft vor dem Vater erkennen können?

Die Analysen des Kaufverhaltens ergaben, dass Schwangere ab einem bestimmten Zeitpunkt vermehrt unparfümierte Lotionen kauften. So konnte Target aus dieser Veränderung sogar schließen, wann ungefähr die Geburt anstünde, um rechtzeitig zielgerichtete Werbung einzusetzen. Dies brachte der Kaufhauskette natürlich einen enormen Wettbewerbsvorteil gegenüber ihrer Konkurrenz ein. Schwangere benötigen nun einmal eine Vielzahl neuer Utensilien, die sie zuvor noch nie gekauft haben.

Beide Beispiele zeigen also hervorragend auf, wie man mit gezielten Fragen einen hohen Ertrag an richtigen Antworten erhält.

Eine wichtige Rolle in Bezug auf die Neukundengewinnung spielt das Online-Marketing. Das Zauberwort heißt in diesem Fall *Retargeting*. Auch wenn der Begriff ihnen möglicherweise nichts sagen wird: Sie kennen das, zum Beispiel bei der Urlaubsbuchung!

Sicher haben Sie sich beim Surfen schon mal gefragt, warum Ihnen in den Werbeanzeigen auf bestimmten Websites genau der Urlaubsort empfohlen wird, den sie einige Tage zuvor in

Google gesucht haben. Selbstverständlich ist dies kein Zufall gewesen. Denn beim Besuch der Website, die Sie über Ihren Urlaubsort informiert hat, wurden Sie in der Regel von einem Cookie markiert, der Sie beim Besuch bestimmter anderer Seiten wiedererkennt. Dieses Marketingmodell ermöglicht auf einfache und kostengünstige Weise, den Kunden zum Produkt zurückzuführen. Und zugleich ist Retargeting ein perfektes Beispiel für Small Data. Denn parallel dazu kann untersucht werden, wann ein Kunde die Website zuletzt besucht hat beziehungsweise wie häufig er sie im Allgemeinen besucht. Wann hat er zuletzt welches Produkt gekauft und wie regelmäßig kauft er bei Ihnen ein? In kleinen und mittelständischen Unternehmen genügen derartige Fragestellungen bereits, um wichtige Antworten zu erhalten. Gelingt dies, stehen die Chancen für positive Rückschlüsse auf die eigene Firma sehr gut. Das beginnt bei Untersuchungen der Entwicklung von Nutzerverhalten und geht über die Verbesserung der Kundenkommunikation bis hin zu Kosteneinsparungen und Umsatzsteigerung.

Großartige technische Voraussetzungen werden dabei kaum benötigt. Leicht zu bedienende Tracking-Systeme scannen in kurzer Zeit genau die Informationen der Zielgruppe, die benötigt werden, um sie erfolgreich zu bedienen. Unternehmen sind mit Small-Data-Analysen also in der Lage, individualisiert auf die Wünsche ihrer Kunden einzugehen. Und das noch bevor sie die Ware kaufen.

Aber ist das Prinzip Small Data eine Lösung für die Bewältigung unserer zukünftigen Probleme? Wenn ich einen bescheidenen Blick auf die rasante Entwicklung der vergangenen Jahre werfe und mich dabei wundere, warum der Großteil der Menschen mit dem Begriff Big Data noch immer nichts beziehungsweise wenig anfangen kann, stelle ich die berechtigte Frage an mich selbst, ob es ratsam ist, sogleich mit dem nächsten Schritt – Small Data – voranzuschreiten?

Meine einfache Antwort lautet: Ja! Das hohe Aufkommen technischer Anforderungen außen vor gelassen und dabei hauptsächlich auf Inhalte bezogen, empfehle ich eindringlich Small Data: kleine Daten, großer Gewinn!

Es braucht jedoch ein wenig Mut. Schließlich ist der Einstieg in die ausgefeilte Datenanalyse ein langwieriger Prozess, der mitunter auch die komplette Unternehmensstruktur verändern kann. Insofern sei hier nochmals darauf hingewiesen, dass beim Schritt in die Vernetzung zwischen realer und digitaler Wirtschaft geduldig und überlegt agiert werden sollte. Sind Aufklärung und erste Annäherung gelungen, kommt es anschließend zum schrittweisen Ausbau vorhandener Strukturen. Dabei sollten Marketing- und IT-Abteilung nicht voneinander getrennt, sondern eng zusammenarbeiten.

Wenn ich also davon spreche, dass Big Data eine Chance für den Mittelstand ist, meine ich damit vor allem den Begriff in seiner Eigenart als Modewort für die technischen Veränderungen, die vor uns liegen und die es gilt, ertragreich für das eigene Geschäftsmodell zu nutzen. Die Lösung für erfolgreiche Modelle lautet jedoch eindeutig Small Data!

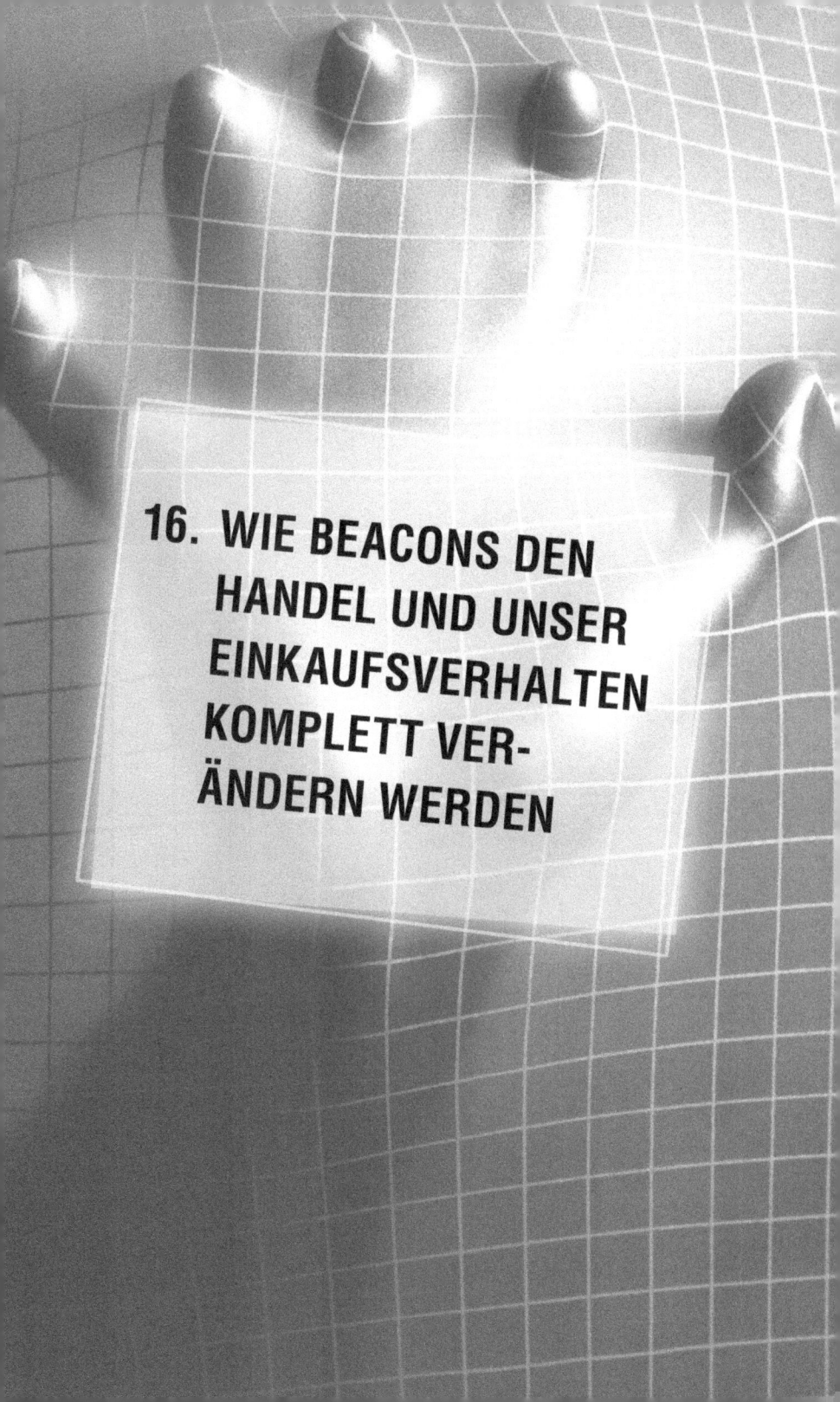

16. WIE BEACONS DEN HANDEL UND UNSER EINKAUFSVERHALTEN KOMPLETT VER-ÄNDERN WERDEN

Eine Konsumkritik, 1960:

„Der Bestseller dieses Herbstes ist unter Ausschluß der (litera-
rischen) Öffentlichkeit erschienen; kein Hahn hat nach ihm ge-
kräht, kein Rezensent hat ihn unter die Lupe genommen. Auf der
Frankfurter Buchmesse sah man sich vergeblich nach ihm um.
Nicht von einem Roman ist hier die Rede, sondern von einem
Sach- und Handbuch, das ein eingehendes Studium verlangt.
Keiner unter seinen Benutzern stellt es ungelesen in den Bücher-
schrank, griffbereit liegt es auf den Küchentischen. Es umfaßt
knapp vierhundert Seiten in Quarto und ist üppig, beinahe aus-
schweifend illustriert. Dabei kostet es nur zwei Mark; ja, dem
Käufer winkt obendrein noch eine Zuwage: ein Büstenhalter, eine
Taschenlupe, ‚Monikas lustige Streiche‘, eine Kreuzabzweigdose
oder sechs Königsberger Klopse."[1]

HANS MAGNUS ENZENSBERGER

Kann es eine schönere Konsumkritik als die des großartigen
deutschen Literaten Hans Magnus Enzensberger geben, die er
in der November-Ausgabe der *Zeit* des Jahres 1960 zum Besten
gab? Wohl kaum! Niemand Geringeres als der damalige Ver-
sandriese Neckermann bekam die volle Ladung grollender
Wut von Enzensberger ab. *„Ja, wollt ihr denn ewig leben in eurer*
kleinbürgerlichen Hölle?", ergrimmte er sich und meinte damit

alle Bundesbürger, die sich zum Preis von zwei Mark in die unendlichen Weiten des Verkaufskatalogs träumten. *„Das deutsche Proletariat und das deutsche Kleinbürgertum leben heute, 1960, in einem Zustand, der der Idiotie näher ist denn je zuvor."* Harte Worte des Kulturkritikers, der sich selbst als Intellektuellen und Snob bezeichnet und damit ganz bewusst über die große Schar der kleinen Leute stellt, die gedankenlos dem folgt, was Politik, Industrie und Gewerkschaften vorgeben und ... nun ja ... eben in Versandkatalogen bestellt.

Es ist nur schwer vorstellbar, was Enzensberger wohl von der heutigen Verkaufsrevolution hält. In Zeiten, in denen der Online-Handel so stark floriert, dass er die stationäre Variante in die größte Strukturkrise seit dem Ende des 2. Weltkriegs gestürzt hat, gehören Versandkataloge längst der Vergangenheit an. Sie sind Relikte aus Tagen, die das Internet und sein boomendes E-Commerce-Modell innerhalb nur eines Jahrzehnts schnell vergessen ließen. Versandkataloge dürften in unserer heutigen Zeit wohl das kleinste Problem Enzensbergers sein.

Der Online-Handel stirbt.
Der klassische Handel gewinnt!

Vielleicht wird Sie diese Überschrift noch etwas irritieren. Doch wage ich jetzt bereits die Behauptung, dass sich der Handel mal wieder komplett verändern wird. Nur in eine Richtung, die Sie vermutlich noch nicht erahnen werden.

Seitdem wir kaufen, unterliegt der Handel einer durchgehenden Veränderung. Das war schon immer so und das erleben wir auch aktuell. Während fast die komplette erste Hälfte des 20. Jahrhunderts von klassischen Warenhäusern bestimmt war, vollzog sich in den anschließenden Jahren ein rapider, konsequenter, der Optimierung entgegenstrebender Wandel. Dieser verwirklichte sich chronologisch in Verbrauchermärkten, Lebensmittel-Discountern und Einkaufszentren bis hin zum heutigen Online-Shopping! Seit 1999 steigt der Umsatz des B2C-E-Commerce (Business-to-Consumer) stetig an. Sein Wachstum ist dabei fast durchgehend zweistellig gewesen.[2] Wer darunter am meisten leidet, ist selbstverständlich der klassische Handel, dem die Kunden abspringen, weil dieser dort an solch verstaubten Traditionen wie Öffnungszeiten festhält. Die Konkurrenz aus dem Online-Lager ist mittlerweile übermächtig geworden. Das lässt sich nicht verschleiern! Online ist bequem, es ist leicht von zu Hause aus zu bedienen und wir genießen hervorragende Markttransparenz durch zahlreiche Vergleichsportale. Die Digitalisierung hat unser Einkaufsverhalten nachhaltig verändert. Bereits vor dem Einkauf informieren sich viele Kunden im Internet. Vor allem die junge Generation weiß, dass sie heute zu jeder Zeit und überall einkaufen kann. Kaufen wir online, verhalten wir uns im Allgemeinen recht rational. Aufgrund fehlender Haptik bauen wir keine emotionale Bindung zum Produkt auf. Das verhält sich offline natürlich anders. Wir können die Produkte sehen, anfassen und riechen. Wir haben sie in der Hand und können sie sogleich mit nach Hause nehmen. Der stationäre Einkauf ist deutlich persönlicher und vermittelt dadurch Emotionalität zur Ware. Das schätzen wir noch immer sehr.[3] So stellt sich die Frage, ob sich denn nicht beide Varianten miteinander verknüpfen lassen?

Es braucht für den Einzelhandel also die nächste Veränderung, um dem E-Commerce wieder auf Augenhöhe begegnen zu können. Nur diejenigen, welche sich verändern, werden am

Ende des Tages davon profitieren. Sätze wie „*Aber wir haben das doch schon immer so gemacht*" sind bekanntlich legendäre letzte Worte jener, die es heute schon gar nicht mehr gibt. Es muss sich etwas bewegen, und mit diesem Stichwort sind wir auch schon mitten im Thema angekommen. Seit Kurzem gibt es nämlich eine chancenreiche Technologie, die dem Online-Handel nicht nur sämtliche Trümpfe entziehen, sondern diese auch auf einfachste Weise mit den Vorzügen des stationären Einzelhandels verknüpfen wird.

Was halten Sie von folgender These: Schon heute hat der digitalisierte Handel in der realen Welt dem Online-Handel sämtliche Vorteile entzogen. Das können Sie nicht glauben? Ich bin zwar keineswegs berechtigt, an dieser Stelle Aktientipps zu geben. Aber ich würde eher in den klassischen Handel als in das Online-Marketing investieren. Warum, wird nun geklärt werden!

Ein Leuchtfeuer am Horizont

Beacons ist die genaue Bezeichnung für diese neue Wunderwaffe, die spätestens seit dem appleschen Trademark *iBeacon* aus dem Jahr 2013 größere Bekanntheit erlangt hat. Was Beacons vermögen, ist nichts weniger als die Aufhebung der Grenzen zwischen digitaler und realer Welt. Aber was genau ist ein Beacon? Es handelt sich hierbei um einen kleinen Funksender, der mit einfachster Technik ausgestattet ist, aber beträchtliche Wirkung erzielt. Ins Deutsche übersetzt lässt er sich als Leuchtturm oder Leuchtfeuer bezeichnen. So ist es auch keineswegs verwunderlich, dass die Hauptaufgabe eines Beacons in der Navigation besteht, genauer gesagt in der Innenraumnavigation.

Diese funktioniert spielend einfach per Bluetooth Low Energy (BLE) und verfährt nach dem klassischen Sender-Empfänger-Prinzip. Ein im Raum platzierter Beacon (Sender) wird mit Smartphones (Empfänger) interagieren, sofern deren Besitzer die Erlaubnis dazu geben. Wenn Sie als vom Auto kommend das GPS-Satellitensignal verlässt, kann Ihr Handy die Navigation nun auch in Innenräumen präzise fortsetzen. Aber wozu benötigen wir beim Einkaufen eigentlich Orientierungshilfen? Weil wir alles immer gerne so bequem und optimiert wie möglich haben wollen. Dieses natürliche Bedürfnis der Verbraucher lässt sich am besten an der Konzeption heutiger Supermärkte erkennen. Keines der dortigen Produkte ist durch Zufall platziert. Gehen wir einkaufen, so machen wir das am liebsten konsequent. Wir wissen dabei, dass sich die Fleischtheke ganz hinten befindet, die Kühlregale an den Seiten angebracht sind und das Waschmittel niemals im Eingangsbereich steht. Wir wissen das durch eine Mischung aus Erfahrung und logischer Verknüpfung. Denn dort, wo wir Frühstücksbrötchen finden, kann der Kaffee nicht weit entfernt sein.

Zudem unterscheidet das Marketing beim Einkaufen zwischen sogenannten Suchartikeln und Bestplatzierungen. Bei Ersterem handelt es sich um alltägliche Konsumgüter wie Milch, Eier oder Salz, die man immer benötigt, weswegen sie nicht speziell platziert werden müssen. Andere Produkte bedürfen jedoch verständlicherweise einer gesonderten Präsentation, um erfolgreich verkauft zu werden.

Im Supermarkt mag diese „normale" Navigation noch funktionieren. Anders verhält es sich da schon in riesigen Einkaufshäusern oder bei diversen Möbelgiganten. An dieser Stelle bitte ich Sie nun, sich Ihre Kaufhauserfahrung vor das geistige

Auge zu rufen. Wie funktioniert dort Orientierung? An zentral gelegenen Punkten finden sich in Einkaufszentren zumeist klobige Tafeln, auf denen vermerkt ist, welches Geschäft sich auf welcher Etage befindet. Sind wir nach einiger Suche dort angekommen, haben wir allerdings keine Garantie, dass die gesuchten Artikel auch tatsächlich auf Lager sind. Einkaufen kann oftmals sehr nervenaufreibend sein. Kein Wunder, dass wir unsere Kinder im Spieleparadies abgeben, um den Besorgungen entspannter nachgehen zu können. Trotzdem erwischen wir dann doch immer wieder die langsamste Kasse mit der längsten Schlange und dazu auch noch unfreundliche Verkäufer.

Das digitale Kaufhaus

Was würden Sie nun von der Idee halten, wenn es nur eines kurzen Blickes auf unser Smartphone bedürfte, um herauszufinden, wohin wir gehen müssen, welche Produkte dort zu finden sind und wie viel diese kosten? Diese aussichtsreiche Lösung bieten Beacons an, womit sie zum Hoffnungsträger des Einzelhandels geworden sind. Um dies zu gewährleisten, benötigt es nur wenige dieser Leuchtfeuer in Kaufhäusern bzw. Einzelhandelsgeschäften. Genauer gesagt sind bereits drei Beacons pro Innenraum ausreichend. Basierend auf dem mathematischen Messverfahren der Trilateration (3 Beacons = Höhe, Länge, Breite) lässt sich nämlich genauestens bestimmen, wo im Raum sich die Empfänger befinden. Beacons senden bis zu 200 Meter weit und sind damit deutlich effektiver als GPS, das in Innenräumen aufgrund mangelnden Sichtkontakts zum Satelliten keine Chance hat. Anzubringen sind sie aufgrund ihrer überschaubaren Größe quasi überall, beispielsweise an Regalen, den Wänden oder unterhalb der Decke. Um die Vorzüge des digitalen Unterstützers beim stationären Einkauf zu genießen, ist zunächst eine Installation der kostenlosen Kaufhaus-App nötig. Dies kann sogleich im Eingangsbereich geschehen. Keine Sorge: Nur wer diese App nach mehrmaligem Zustimmen der Nutzungsbedingungen installiert hat, wird auch wahrnehmen, dass es Beacons in diesem Kaufhaus gibt. Anschließend können wir uns vom Smartphone durch das Einkaufszentrum leiten lassen. Passieren wir bestimmte Punkte, sendet uns das Smartphone Push-Benachrichtigungen zu speziellen Produkten. Im Fachjargon wird dies als verlängertes Regal bezeichnet, das reale Informationen durch digitale erweitert. Mit Nutzen der App erhalten wir auf diese Weise für viele Produkte zusätzliche Vergünstigungen und können sofort online bezahlen. So versprechen Beacons eine Reihe komplett neuer Werbekonzepte, die den Einkauf ganz schnell zum Erlebnis werden lassen können. Wer muss dann noch online shoppen, wenn er all diese Vorteile in der eigenen Innenstadt erfahren darf? Anstatt weiterhin tagelang auf den Paketservice zu warten, bestellen wir nun beim lokalen Händler und holen die Ware am nächsten Tag ab.

Die Vorteile für den technikaffinen Kunden liegen auf der Hand. Aber welchen konkreten Nutzen kann der Verkäufer aus der Digitalisierung seines Geschäfts ziehen? Da Beacons lediglich Funksender sind, die Bewegungsprofile speichern, sprechen wir hier von einer Technologie, die wahrlich für jeden erschwinglich ist. Vor allem bei Besucherströmen spielen Bewegungsprofile eine eminent wichtige Rolle. Ist dokumentiert, wie sich die Kunden durch das Geschäft bewegen, offerieren sich in Bezug auf den Point of Sale ganz neue Möglichkeiten des Verkaufs. Füttern die Kunden zusätzlich das System regelmäßig mit Daten über ihr Einkaufsverhalten, werden ihnen in Zukunft ganz individuelle Vorschläge präsentiert werden können. Ein Prinzip, das wir nur zu gut von Online-Plattformen wie Amazon und Netflix kennen:

„Kunde x, der Ware y gekauft hat, interessierte sich auch für Ware z!"

Wir erkennen also, dass es sich um einen erheblichen Strukturwandel dreht, welcher beide Seiten glücklich machen wird. Deswegen gibt es aktuell wenige Marktplätze, die so interessant sind wie die Revolution im Kaufhaus. Nicht wir erreichen die Werbung, sondern sie uns. Und das individuell auf jeden Kunden zugeschnitten.

Die Angst vor rechtlichen Konsequenzen

In Deutschland ist Beacon-Technologie oftmals noch ein Testfeld, das sich jedoch bald zum Leuchtturmprojekt vieler Einzelhändler entwickeln soll. Denn auf die Vorteile des mobilen Internets im Handel zu verzichten, würde nahezu an Fahrlässigkeit grenzen. Händler und Verbraucher sind im Allgemeinen recht offen gegenüber dieser Art der Digitalisierung. So würde jeder zweite Händler gerne WLAN anbieten, sofern diverse Hindernisse überwunden werden können.[4] Das Stichwort hier lautet *Störerhaftung*. Was bedeutet das? Sprechen wir von Störerhaftung, so ist die Verantwortlichkeit eines sogenannten Störers gegenüber seinen rechtlichen Pflichten gemeint, auch wenn er selbst nicht Täter ist. Das gilt vor allem für öffentliche Hotspots. Nur derjenige, der sein WLAN-Angebot entsprechend schützt und sich gleichzeitig von jedem Nutzer garantieren lässt, dass dieser keine Rechtsverletzungen verübt, ist frei von Haftung. Wer dem nicht nachkommt, beeinträchtigt die öffentliche Sicherheit und Ordnung. Insofern sind die Bedenken der Einzelhändler vollkommen nachzuvollziehen. Eigentlich ist es demzufolge doch erstaunlich, dass ausgerechnet in einem Land wie Deutschland solche Innovationen den zukünftigen Handelsweltmarkt verändern werden. Aber die erfolgreichsten Beacon-Projekte stammen tatsächlich aus Deutschland. Bedenken wir, dass Deutschland in Bezug auf das infrastrukturelle Telekommunikationsnetz den Status eines Entwicklungslandes besitzt, ist es umso schöner, dass unsere Innovationskraft uns trotzdem zu solchen Möglichkeiten treibt.

So wie die Digitalisierung flächendeckend unsere Gesellschaft verändert, wird sie folglich auch im Einzelhandel Einzug halten. Das ist nur logisch und konsequent. Der nächste Schritt ist nötig und mit der Beacon-Technologie sehr vielversprechend, sofern man ihn zielstrebig verfolgt. Helfen wird sich der stationäre Handel letztlich nur selbst können, indem ihm bewusst wird, dass er dem E-Commerce nur dann ebenbürtig werden kann, wenn er dessen Waffen nutzt.

Abschließend möchte ich Ihnen noch eine kurze Geschichte präsentieren. Wie sähe denn nun unser Einkaufsverhalten aus, nachdem Beacons zum Standard geworden sind?

Stellen Sie sich folgende Situation vor: Ihr Partner geht ins Internet und sucht dort für sich Unterwäsche aus. Diese ist teuer und luxuriös, wird Ihnen jedoch gefallen. Aber der etwas zu hohe Kaufpreis ist letztlich ein Hemmnis für Ihren Partner, weshalb er beschließt, die Unterwäsche nicht zu kaufen. (80 Prozent aller Waren, die online in Warenkörbe gelegt werden, werden nie gekauft!)

Zufällig fahren Sie einige Tage später auf der A70 an der fränkischen Weltkulturerbestadt Bamberg vorbei, als Ihr Telefon plötzlich eine Push-Benachrichtigung ins Display wirft: *„Dein Partner hat in einer Woche Geburtstag. Möchtest du vielleicht ein Produkt, das er sich wünscht, aber bislang nicht gekauft hat, im Einkaufszentrum an der nächsten Ausfahrt kaufen? Ich habe bereits einen Parkplatz für dich gefunden und die Zeit bis zu deinem nächsten Termin reicht locker aus, um noch schnell shoppen zu gehen."* Sie drücken im Display auf *Ja* und Ihr Fahrzeug chauffiert Sie per GPS-Ortung ganz automatisch auf den Parkplatz des Einkaufszentrums. Ihr Smartphone führt Sie aus dem Auto direkt in das Einkaufszentrum und dort auf den direkten Weg zu besagtem Unterwäschegeschäft. Tatsächlich werden Sie bis vor das Regal geleitet. Ein schönes Stück Wäsche, das sich Ihr Partner ausgesucht hat. Beim Gang zur Kasse schreckt Sie die lange Schlange keineswegs ab. Ganz bequem zahlen Sie online, wodurch sich die Diebstahlsicherung automatisch beim Verlassen des Geschäfts löst. Zufrieden kehren Sie mit einem Lächeln auf die Autobahn zurück. So macht Einkaufen Spaß!

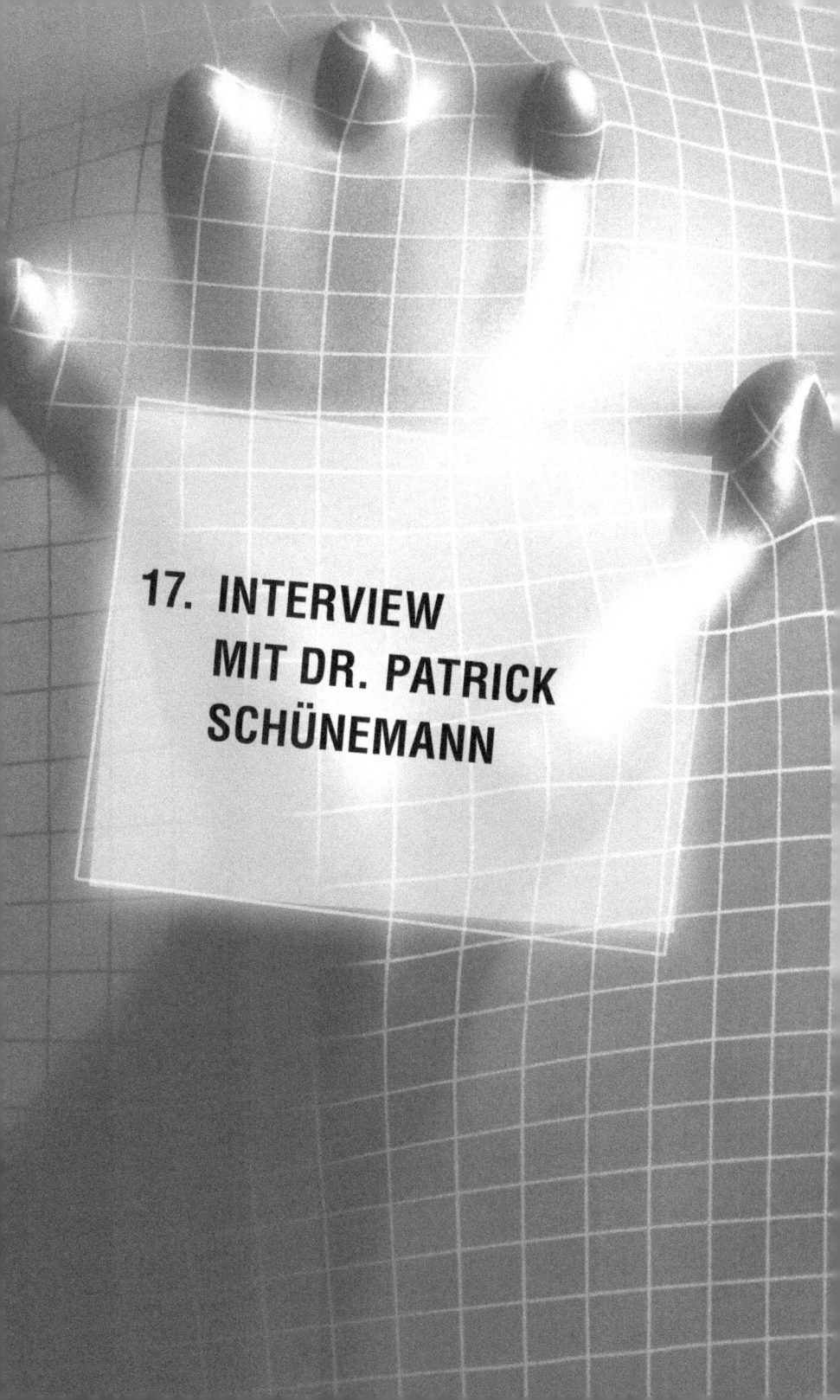

17. INTERVIEW MIT DR. PATRICK SCHÜNEMANN

Dr. Patrick Schünemann zählt zu den Top-Experten, wenn es um komplexe Datenanalysen geht. Seit 20 Jahren entwickelt er Systeme, um die Erkenntnisse von Big Data erfolgreich zu nutzen. Zu seinen Kunden gehören die NSA, zahlreiche Banken und mittelständische Unternehmen.

Lieber Herr Schünemann. Was ist eigentlich so groß an Big Data? Von welchen Größenordnungen sprechen wir?
Patrick Schünemann: Heutzutage werden mehr Bytes gespeichert, als es Sandkörner an allen Stränden der Welt zusammen gibt. Die Menge explodiert geradezu. Wir sprechen hier nicht mehr nur von Terabytes, die unsere Computer noch aufnehmen können, sondern von Petabytes. Das sind Mengen, die tausend- und millionenfach größer sind. Wir haben es also mit Größen zu tun, die sich ein Mensch eigentlich nicht mehr vorstellen kann. Deswegen sprechen wir von „Big Data".

Warum ist Big Data heute eigentlich ein so wichtiges Thema?
Daten waren schon immer relevant. Das ist nicht neu. Man muss zunächst klar unterscheiden zwischen dem

Vorgang des Datensammelns und dem Trendbegriff „Big Data". Dieser Ausdruck und das gleichzeitig dahinterstehende Konzept sind nicht neu. Eng verzahnt mit dem Begriff „Data Mining" tauchte „Big Data" im Bereich des Hardwareverkaufs erstmals in den sechziger Jahren auf. Lester Wunderman zum Beispiel, der als Begründer des Direct Marketings gilt, hat in den fünfziger und sechziger Jahren zum ersten Mal damit begonnen, Data Base Marketing zu betreiben, um Zielgruppenselektionen durchführen zu können. Heute verstehen wir den Begriff „Big Data" jedoch eher als Label, das seit etwa 2010 vornehmlich aus Marketinggründen verwendet wird.

Nun besagt das Moore'sche Gesetz, dass sich die Rechenleistung integrierter Schaltungen in einer Zeitspanne von etwa 18 Monaten verdoppeln wird. Dieses Gesetz hat jetzt seit 50 Jahren Bestand. Wird sich diese exponentielle Steigerung weiterhin so fortsetzen oder ist ein baldiges Ende in Sicht?
Das ist keine leicht zu beantwortende Frage, aber im Moment ist ein Ende nicht absehbar. Wir befinden uns vielleicht erst am Beginn dieser Entwicklung, weil immer mehr Abläufe auf elektronische, digitale Prozesse wechseln. Und das wird in Zukunft noch massiv mehr Daten erzeugen. Festzustellen ist, dass wir nicht mehr von technischen, sondern von organisatorischen Problemen sprechen. Vor zwanzig Jahren war Speicherplatz noch ein Thema bei der Kostenfrage. Heute müssen wir darauf nicht mehr achten.

Vielmehr wird es heute wohl darum gehen, wie man diese Daten verwertet und welche Fragen man stellen muss, um die richtigen Antworten zu erhalten.

Das stimmt. Darin verbirgt sich die große Komplexität. Diese Prozesse verändern sich wie die Kultur, in der wir uns bewegen. Die größte Herausforderung werden die Seiteneffekte von Big-Data-Analysen sein, die Stand jetzt nur schwer absehbar sind.

Big Data ist dabei, in wirklich alle Lebensbereiche vorzudringen. Sowohl beruflich als auch privat. Werden wir schon heute von Algorithmen bestimmt oder können wir noch immer selbst entscheiden, inwieweit wir uns von Big Data beeinflussen lassen?

Lasse ich mich ganz direkt von Algorithmen bestimmen? Wenn ich im Internet einen Partner suche, lasse ich mich natürlich von diesem Matching-Algorithmus leiten. Das betrifft aber die verschiedensten Gebiete und geschieht ebenso indirekt. Vor allem in Form von darunterliegenden Algorithmen, die bestimmen, wie wir behandelt werden. Denken Sie zum Beispiel daran, wer beim Sicherheitscheck am Flughafen ausgesucht wird und wer nicht. Natürlich stehen dahinter ebenfalls Algorithmen.

Erachten Sie es als bedenklich, wenn Großkonzerne wie Google, Facebook und Apple heutzutage mit datenbasierten Geschäftskonzepten unsere Welt bestimmen? Sollte die Politik gerade jetzt aktuell viel stärker eingreifen?

Diese Entwicklung ist selbstverständlich mit Sorge zu betrachten. Denn dieser Anstieg von Macht hat sich in den letzten 15 Jahren mit der Entfaltung des Internets und von Big Data stark akzentuiert. Ich denke, wir werden hier eine ähnliche Entwicklung erleben wie im Finanzsektor. Seit dem Crash unterliegen Banken einer viel stärkeren Finanzmarktaufsicht. Das wird sich im Bereich Datenschutz ebenfalls etablieren müssen. Und natürlich ist an dieser Stelle vor allem die Politik gefordert, weswegen sie viel stärker regulativ wird eingreifen müssen.

Wissen ist Macht! Google hat es, die Politik scheinbar nicht. Werden wir also bald nur noch von Großkonzernen geleitet?
Das ist nichts Zukünftiges, sondern bereits jetzt Fakt. In Bezug auf Technik und was damit möglich ist, weiß der durchschnittliche Politiker nicht mehr als der durchschnittliche Bürger. Das ist ein Problem, um welches wir uns dringend kümmern müssen. Die digitale Revolution verändert unser komplettes Leben und ist damit zur gesamtgesellschaftlichen Herausforderung geworden. Ein ähnliches Muster haben wir im Umweltschutz, wo partikulare Interessen lange Zeit so dominierend waren, dass man den Umweltschutz komplett vergessen hat. Bis die Situation dann so übel wurde, dass man etwas tun musste. Und ich denke, wir werden hier das gleiche Muster wieder erleben.

Würden Sie folgendes Zitat unterschreiben: „Die moderne Technik ist dem Datenschutz immer einen Schritt voraus"?
Auf jeden Fall. Und zwar nicht nur einen, sondern wahrscheinlich mehrere Schritte. Datenschutzorganisationen

sind heute noch sehr klein und unterdotiert. Sowohl mit der Technik als auch der Anwendung können sie noch gar nicht mithalten.

Wie wird unsere Welt in einigen Jahren aussehen? Werden dann selbstfahrende Autos, die in Smart Factories produziert wurden, durch Smart Cities fahren? Werden solche Science-Fiction-Szenarien bald Realität sein?
Bis sich eine Technologie ganzheitlich aufgebaut hat, vergehen viele Jahre, in denen sie mehrere Abschnitte durchläuft. Bis man die komplette Smart City hat, wird noch etwas Zeit vergehen. Aber viele Anwendungen sind ja heute bereits Tatsache und diese werden sich folglich immer mehr verbreiten. Auch die intelligente Energiesteuerung und das selbstfahrende Auto sind absehbar. Von einigen Produkten, die sich heute in der Prototypphase befinden, ist schwer auszugehen, dass sie in etwa 20 Jahren in der Breite eingesetzt werden und sich dort etablieren.

Werden wir für so eine Welt, die unser komplettes Leben umstrukturiert hat und von Algorithmen bestimmt wird, eine neue Gesellschaftsordnung benötigen?
Eine neue Gesellschaftsordnung ist vielleicht etwas weit gegriffen. Aber wir stehen ganz eindeutig vor massiven gesellschaftlichen Herausforderungen. Durch den Einsatz von Computern werden immer mehr qualifizierte Arbeitsplätze wegfallen. Es ist sehr wahrscheinlich, dass wir in absehbarer Zukunft keine Lokführer mehr benötigen werden, weil Züge dann komplett automatisiert fahren. Wer

zum Beispiel wird haften, falls ein selbstfahrendes Auto einen Unfall verursacht oder eine Paketdrohne durch die Decke kracht? Und das ist erst der Anfang. Künstliche Intelligenz wird uns vor erhebliche moralische und ethische Probleme stellen. Doch dazu ist keine neue Gesellschaftsordnung nötig, sondern vielmehr eine schrittweise Erweiterung unserer jetzigen.

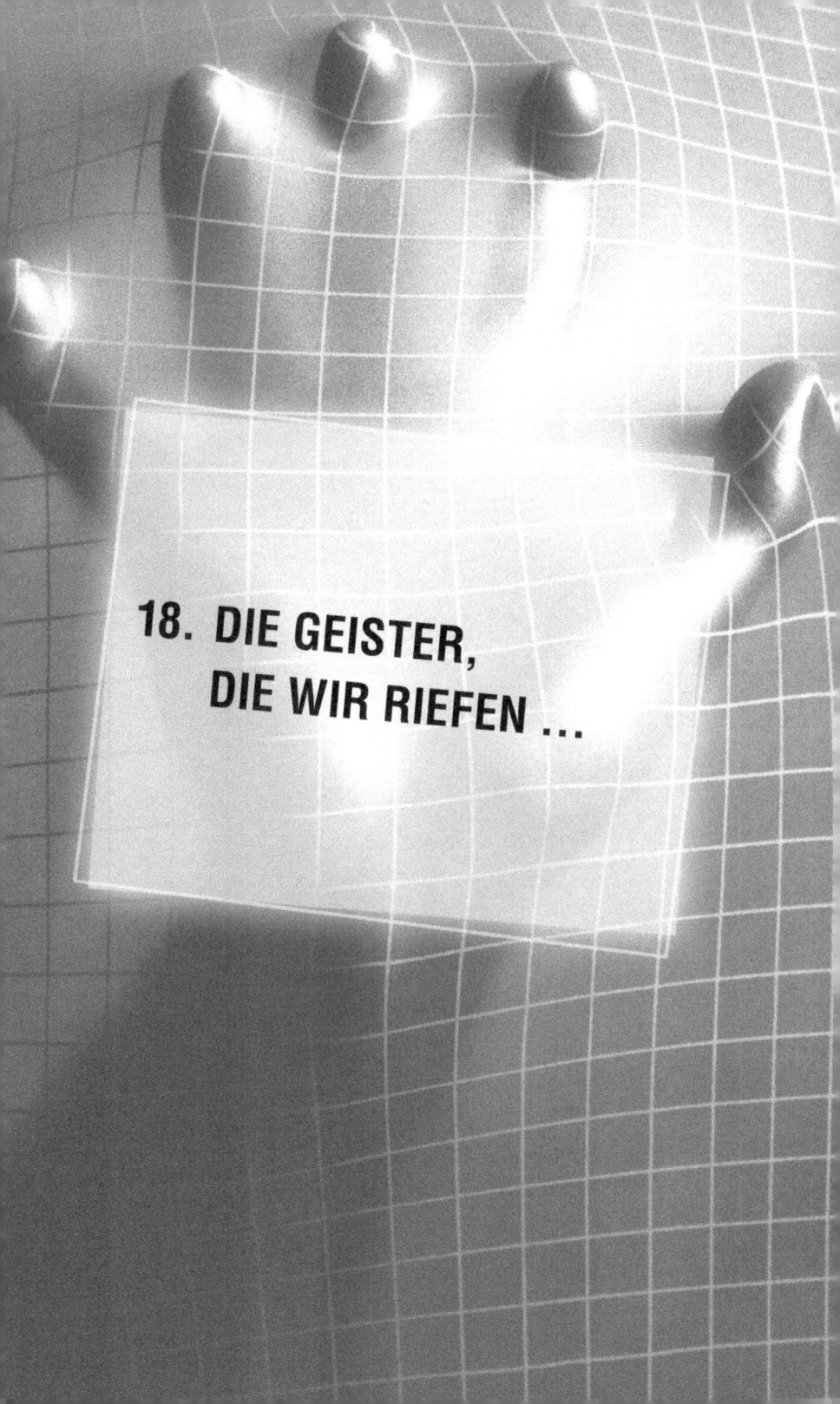

Erinnern Sie sich noch an Goethes „Zauberlehrling"? Die Ballade, welche zur humanistischen Grundausbildung eines jeden Schülers gehören sollte, ist bereits vor mehr als zweihundert Jahren verfasst worden, für das Gleichnis unseres Datengefängnisses jedoch aktueller als je zuvor.

Der Meister ist außer Haus und der Zauberlehrling allein, was diesen dazu bewegt, einen Spruch seines Meisters auszuführen. Müde ob der ihm auferlegten Arbeit, verwandelt er einen Besen, um diesen zu seinem Knecht zu machen. Dieser soll die eigentlich für den Lehrling bestimmte Aufgabe, Wasser zu besorgen, übernehmen.

> *Und nun komm, du alter Besen!*
> *Nimm die schlechten Lumpenhüllen;*
> *bist schon lange Knecht gewesen:*
> *nun erfülle meinen Willen!*

Der verhexte Besen macht sich auf, die Wassereimer ins Haus zu schleppen. So füllt dieser einen Trog nach dem anderen, jede Schale, jede Schüssel. Unaufhörlich trägt der Besen neue Wassereimer heran. Stoppen kann ihn der Lehrling aber nicht mehr, da ihm der Spruch zur Aufhebung des Zaubers entfallen ist.

O du Ausgeburt der Hölle!
Soll das ganze Haus ersaufen?
Seh ich über jede Schwelle
doch schon Wasserströme laufen.

Mehr und mehr setzt der Besen das komplette Haus unter Wasser, während der Zauberlehrling nur hilflos dabei zusehen kann und die Situation sogar noch verschlimmert, indem er den Besen mit einer Axt spaltet, wodurch nun zwei Wasserträger neue Eimer heranholen. Erst als der Meister zurückkehrt, kann dieser den Zauberspruch lösen.

Ach, da kommt der Meister!
Herr, die Not ist groß!
Die ich rief, die Geister
werd ich nun nicht los.

Verhält es sich nicht genauso mit der heutigen Datenrevolution? Surfend auf Kondratieffs Wellen und nach dem Prinzip des schnellen Denkens nehmen wir heute begeistert jedwede technische Neuerung an, ohne uns vorher ausreichend Gedanken über die möglichen Konsequenzen unseres Handelns zu machen. Die rasante Entwicklung der Digitalisierung und die Datenanalysen, welche sie mit sich gebracht hat, haben unsere Art zu leben in den letzten Jahren komplett verändert.

Wir behelfen uns mit Werkzeugen, die unseren Alltag offensichtlich vereinfachen. Aber wir müssen auch lernen, diese Werkzeuge zu verstehen. Wir müssen lernen, einen Blick hinter die scheinbar verheißungsvolle Fassade der technologischen Zukunft zu werfen! Wir werden keinen Meister haben, der uns zu Hilfe kommt und den Zauber aufhebt. Wir können uns nur selbst helfen. Damit sollten wir aber bestenfalls gestern schon begonnen haben. Nur wer diese Revolution und das kommende Zeitalter versteht, wird es auch mitgestalten können. Ist Big Data nun also Fluch oder Segen? Je nachdem, könnte man behaupten. Die in den zurückliegenden Artikeln beschriebenen Veränderungen und die Gefahren müssen so ernst wie nur möglich genommen werden. Die durch Daten und Information entstandene Neugestaltung unserer Welt kann nur dann eine sichere Zukunft haben, wenn wir genauestens abwägen, welche Innovationen uns tatsächlich voranbringen und welche unser Gleichnis vom Datengefängnis intensivieren. Die Entwicklungen der Digitalisierung zwingen uns mehr als jemals zuvor, alle unsere Taten genauestens abzuwägen. Dringend müssen Vorkehrungen getroffen werden, die den Umgang mit unseren Daten in ein geordnetes und übersichtliches Maß eingrenzen. Das beginnt zuvorderst in der Politik, verlangt jedoch auch von uns allen eine pflichtbewusste Auseinandersetzung über die Abwägung von Fortschritt und Moral. Wie Sie überwacht werden und was man über Ihre Person weiß, wer Zugriff auf diese Daten hat und wofür sie irgendwann verwendet werden könnten, ist viel zu undurchsichtig.

Die digitale Revolution ist nur dann verheißungsvoll, wenn wir sie richtig einzuschätzen wissen. Andernfalls drohen unsere humanistischen Werte und Traditionen verloren zu gehen. Das Grundrecht auf informationelle Selbstbestimmung war eine der wichtigsten Errungenschaften der Menschheit, die nun zusehends untergraben wird. Fest steht auch, dass beim digitalen Fortschritt eines scheinbar auf der Strecke geblieben ist: Moral und Ethik! Diese Werte zurückzuerlangen ist eine schwierige, aber machbare Aufgabe.

Wie der bereits zitierte Edward Snowden sagte: *„Wenn du meinst, Privatsphäre ist egal, nur weil du nichts zu verbergen hast, kannst du genauso behaupten, Redefreiheit ist egal, nur weil du nichts zu sagen hast."* Mir liegt dieses Zitat nicht nur am Herzen, weil ich von Beruf Rhetoriktrainer bin. Diese Worte halten uns den Spiegel vor. Durch sie beginnen wir mehr und mehr das Zeitalter der digitalen Transformation zu verstehen. Wir lernen dadurch, kritisch damit umzugehen, ohne blind zu werden für die Lebensverbesserungen, die uns diese grandiose Technologie schon heute schenkt.

Nur wer eine Sache versteht, kann auch mit Kritik und Verbesserungen dazu beitragen, dass sie sich als intelligente Innovation weiterentwickelt. Genau dazu soll dieses Buch seinen Beitrag leisten. Ich habe es mit Freude geschrieben und nach bestem Wissen für Sie, lieber Leser, recherchiert. Diskutieren Sie mit uns weiter. Sie finden mich in allen relevanten Social-Media-Kanälen und auf meinem Blog. Vielleicht sehen wir uns auf einer meiner zahlreichen Vortragsveranstaltungen? Ich würde mich freuen.

Danke, dass Sie das Buch bis hier gelesen haben. Am Schluss noch ein Gruß aus dem alten Rom:

Felix qui potuit rerum cognoscere causas.

Glücklich, wem es gelang, den Grund der Dinge zu erkennen.

VERGIL 70 v. Chr.–19 v. Chr.

19. DANKESCHÖN

Mein nunmehr viertes Buch nach *Kommunikationsrevolution Social Media*, *Der Fisch stinkt vom Kopf* und *Sales Code 55* ist fertig. Wow! Wie auch bei seinen Vorgängern stecken in diesem Werk jede Menge Leidenschaft zum Thema „Big Data" und Spaß am Schreiben, viel harte Arbeit und lange Mußestunden. Wenn ein Projekt mit so viel Hingabe betrieben wird, müssen oft andere Dinge zurückstecken. Deshalb möchte ich an dieser Stelle einigen Personen ganz herzlich für ihre Geduld und ihr Verständnis sowie ihre Arbeit danken. Allen voran bedanke ich mich natürlich für ihre Unterstützung bei meiner Familie, die viele Stunden auf mich verzichten musste, mir aber durchgehend die Kraft gab, dieses Projekt zu verwirklichen. Vielen Dank Alesja, Ellis und Liv Freya. Aber auch meiner Mutter Annelie und „Opa Gerhard".

Danke an den Verlagsleiter Sebastian Grebe und die Mitarbeiter der PLASSEN Buchverlage für ihre Geduld, das finale Lektorat und die klaren Rückmeldungen zum Buch sowie das große Vertrauen, das wir und ich jederzeit als großes Kompliment verstehen.

Ich bedanke mich herzlich für die wieder Mal höchst professionelle Arbeit jedes Mitarbeiters meines Instituts. Was ihr leistet, ist grandios! Danke an Tatjana Schmidt, Nina Russ und Pia Bussinger. Ebenso bedanke ich mich für das regelmäßige

Feedback und die Recherchearbeit unserer Praktikanten Jenny, Roman, Steffi, Monique und Antonia.

Ein besonderes Dankeschön ergeht an meinen Mitarbeiter André Held, ohne dessen intensiven Einsatz als Lektor und Projektleiter dieses Buchprojekt nicht hätte umgesetzt werden können. Der von dir an den Tag gelegte Fleiß, deine kreativen Ideen, die großartigen Kommunikationsfähigkeiten und vor allem deine leidenschaftliche Hingabe beim „Sachenmachen" waren und sind mir stets ein Hochgenuss!

Danke an meinen guten Freund Dr. Patrick Schünemann für das Vorwort und jedes einzelne Gespräch. Ich kenne keinen besseren Big-Data-Experten und keinen einzigen, der hochkomplexe Systeme so anschaulich erklären kann. Ein Schlüssel zu diesem Buch.

Danke auch an all meine Freunde vom „Club 55 – European Community of Experts in Marketing & Sales, Genf". Eure Expertise und eure Freundschaft haben einen großen Wert für mich.

Danke an meine Freunde. Allen voran Klaus Stieringer für die vielen Abende mit gutem Whisky und ehrlichen Gesprächen. Danke an meine Sportkollegen vom Post SV Bamberg für die erneute „Erdung" bei jedem Spiel und jedem Training. Danke an die Jungs von Kala Your Life für das freundschaftliche „querlesen" und ständige Mitdenken.

Vor allem ein herzlicher DANK an meine Kunden und die vielen Zuhörer meiner Vorträge. Dank euch darf ich meinen Traum leben. Mich meinen Themen hingeben und mit meinen Vorträgen und Trainings die Welt ein bisschen verständlicher gestalten und damit immer auch ein Stück besser machen. Ihr teilt diese Idee vom lebenslangen Lernen mit mir. Dafür sage ich von ganzem Herzen DANKE!

20. QUELLENVERZEICHNIS

Kapitel 2

1. Händeler, Erik: Die Geschichte der Zukunft. Sozialverhalten heute und der Wohlstand von morgen (Kondratieffs Globalsicht). Brendow & Sohn Verlag, 7. Auflage, Moers 2009, S. 10.

2. Ebd. S. 12.

3. Nefiodow, Leo A.: Der sechste Kondratieff. Wege zu Produktivität und Vollbeschäftigung im Zeitalter der Information. Rhein-Sieg Verlag, 6. Auflage, Sankt Augustin 2006, S. 10.

4. Daniel Kahneman: Schnelles Denken, langsames Denken. Siedler Verlag, München 2012.

Kapitel 3

1. Manuel Castells: Bausteine einer Theorie der Netzwerkgesellschaft, Berliner Journal für Soziologie, 11(4), 2001, S. 423–439.

   „Informationszeitalter [...] bezeichnet eine historische Epoche menschlicher Gesellschaften. Das auf mikroelektronisch basierten Informations- und Kommunikationstechnologien sowie der Gentechnologie beruhende technologische Paradigma, welches diese Epoche charakterisiert, ersetzt bzw. überlagert das technologische Paradigma des Industriezeitalters, das primär auf der Produktion und Distribution von Energie beruht."

2. Jeremy Rifkin: Die dritte industrielle Revolution. 21.09.2011 (http://www.handelsblatt.com/politik/international/essay-die-dritte-industrielle-revolution/4628554.html).

3. Manuel Castells: Das Informationszeitalter I. Der Aufstieg der Netzwerkgesellschaft. Leske + Budrich, Opladen 2001, S. 31.

Kapitel 4

1. Excerpts from A Conversation with Gordon Moore: Moore's Law:
   „*So I looked what we were doing in integrated circuits at that time, and we made a few circuits and gotten up to 30 circuits on the most complex chips that were out there in the laboratory, we were working on with about 60, and I looked and said gee in fact from the days of the original planar transistor, which was 1959, we had about doubled every year the amount of components we could put on a chip.*"

2. Das Moore'sche Gesetz wird 50 (http://www.intel.de/content/www/de/de/silicon-innovations/moores-law-technology.html?wapkw=gordon+moore&_ga=1.17541360.878196367.1429536245).

3. http://www.eslam.de/begriffe/w/weizenkornlegende.htm

4. Hehl, Walter: Trends in der Informationstechnologie. Von der Nanotechnologie zu virtuellen Welten. vdf Hochschulverlag, Zürich 2008, S. 13 ff.

5. Die Entdeckung der Schnelligkeit – Ausbreitung der Wasserhyazinthe im Viktoriasee (http://www.globalnature.org/21135/Wasserhyazinthe/02_vorlage.asp).

6. Michael Kroker: Big Data: 2,5 Trillionen Byte jeden Tag, wächst vier Mal schneller als Wirtschaft. 22.04.2015 (http://blog.wiwo.de/look-at-it/2015/04/22/big-data-25-trillionen-byte-daten-jeden-tag-wachst-vier-mal-schneller-als-weltwirtschaft/).

7. Eduard Mann: Big Data fordern Analysesysteme heraus. 17.03.2014 (http://www.computerwoche.de/a/big-data-fordern-analysesysteme-heraus,2547656,2).

Kapitel 5

1. The European: Interview mit Stephen Wolfram (http://www.theeuropean.de/stephen-wolfram/7074-big-data-und-die-generierung-von-wissen).

2. Uwe Jochum: Kleine Bibliotheksgeschichte. 2007, S. 26–28; Horst Blanck: Das Buch in der Antike. Beck, München 1992, S. 140.

3. http://archive.org/web/petabox.php

4. Bibel. Lukas 2,1.

5. http://www.loc.gov/about/general-information/

6. Derek Price: Science Since Babylon. Yale University Press, New Haven & London, 1961.

Kapitel 6

1. Michel Foucault: Überwachen und Strafen – Die Geburt des Gefängnisses. Suhrkamp Verlag, Frankfurt am Main 1977.

2. George Orwell: Nineteen Eighty-Four. Penguin, London 2008.

3. GCHQ (Government Communication Headquarters; deutsch = Regierungskommunikationszentrale) ist neben dem MI5 und MI6 einer der großen Nachrichtendienste in Großbritannien.

4. Aus der sog. UKUSA-Vereinbarung von 1949 resultiert die dauerhafte Zusammenarbeit der britischen und amerikanischen Geheimdienste. Diesem Abkommen schlossen sich zusätzlich Kanada, Australien und Neuseeland an. Zusammen werden sie als *Five Eyes* bezeichnet.

5. Barton Gellmann, Ashkan Soltani: NSA collects millions of e-mail address books globally. 14.10.2013 (http://www.washingtonpost.com/world/national-security/nsa-collects-millions-of-e-mail-address-books-globally/2013/10/14/8e58b5be-34f9-11e3-80c6-7e6dd8d22d8f_story.html).

6. daserste.de: Snowden exklusiv – Das Interview (http://www.daserste.de/specials/ueber-uns/snowden-exklusiv-das-interview-100.html).

7. Zeit online: XKeyscore – Das Dokument (http://www.zeit.de/digital/datenschutz/2015-08/xks-xkeyscore-vertrag).

8. Peter Schaar: Überwachung total. Wie wir in Zukunft unsere Daten schützen. Aufbau Verlag, Berlin 2014, S. 19.

9. Ebd. S. 91.

10. Marten Rolff: Die toten Augen von London. 17.05.2010
    (http://www.sueddeutsche.de/digital/ueberwachungskameras-in-
    grossbritannien-die-toten-augen-von-london-1.199517).

11. Kai Biermann: Mehr Kameras, gleich viel Unsicherheit.
    22.04.2013 (http://www.zeit.de/digital/datenschutz/2013-04/
    videoueberwachung-panopticon).

12. Carsten Volkery: Kameraüberwachung in London: Big Brother
    sieht sich satt. 20.07.2010 (http://www.spiegel.de/panorama/
    gesellschaft/kameraueberwachung-in-london-big-brother-sieht-sich-
    satt-a-704269.html).

13. Polizeiliche Kriminalstatistik 2014: Wohnungseinbruchdiebstahl.
    S. 53.

14. Interview mit Dr. Thomas Schweer (https://www.youtube.com/
    watch?v=nv6p1w2cgcA).

Kapitel 7

1. statista.de: Anzahl der Smartphone-Nutzer in Deutschland in den
   Jahren 2009 bis 2015 (in Millionen) (http://de.statista.com/statistik/
   daten/studie/198959/umfrage/anzahl-der-smartphonenutzer-in-
   deutschland-seit-2010/).

2. Maria Braun: Die gefährliche Sucht nach dem Smartphone.
   14.11.2014 (http://www.welt.de/regionales/nrw/article134314921/Die-
   gefaehrliche-Sucht-nach-dem-Smartphone.html).

3. http://www.chip.de/artikel/App-gezockt-Abo-Fallen-Spionage-Apps-
   und-Datenschleudern-2_47030580.html

4. Ricardo Jung: Warum Sie AGB auch lesen sollten: Nutzer sollen für
   freies WLAN ihr erstgeborenes Kind abgeben. 22.01.2015 (http://
   www.e-recht24.de/news/vertragsrecht/8187-warum-sie-agb-auch-
   lesen-sollen-nutzer-sollen-fuer-freies-wlan-ihr-erstgeborenes-kind-
   abgeben.html).

5. Deutscher Bundestag: Entwurf eines Gesetzes zur Einführung einer
   Speicherpflicht und einer Höchstspeicherfrist für Verkehrsdaten
   (http://dip21.bundestag.de/dip21/btd/18/050/1805088.pdf).

6. Hans-Jörg Albrecht, Adina Grafe, Michael Kilchling: Forschungsbericht des Max-Planck-Instituts für ausländisches und internationales Strafrecht. Rechtswirklichkeit der Auskunftserteilung über Telekommunikationsverbindungsdaten nach §§ 100g, 100h der Strafprozessordnung. Freiburg 2008 (http://dip21.bundestag.de/dip21/btd/16/084/1608434.pdf).

Kapitel 8

1. Schlachtfeld Internet (http://www.daserste.de/information/reportage-dokumentation/dokus/sendung/ndr/12012015-geschichte-im-ersten-schlachtfeld-internet100.html).

2. n-tv.de: NSA soll auch Wirtschaftsspionage betrieben haben (http://www.n-tv.de/politik/NSA-soll-auch-Wirtschaftsspionage-betreiben-article12147846.html).

3. Ralf Bendraht: Der Kosovo-Krieg im Cyberspace. 19.07.1999 (http://www.iwar.org.uk/iwar/resources/kosovo.htm).

4. faz.net: Estland im Visier. Ist ein Internetangriff der Ernstfall? 18.06.2007 (http://www.faz.net/aktuell/politik/ausland/estland-im-visier-ist-ein-internetangriff-der-ernstfall-1436040.html).

5. welt.de: Kreml-Jugend bekennt sich zur Attacke auf Estland. 11.03.2009 (http://www.welt.de/wirtschaft/webwelt/article3355416/Kreml-Jugend-bekennt-sich-zu-Attacke-auf-Estland.html).

6. welt.de: Maaßen fordert internationale Regeln für Cyberwar. 23.03.2015 (http://www.welt.de/politik/deutschland/article138685494/Maassen-fordert-internationale-Regeln-fuer-Cyberwar.html).

Kapitel 9

1. Viktor Mayer-Schönberger, Kenneth Cukier: Big Data. Die Revolution, die unser Leben verändern wird. Redline Verlag, München 2013, S. 15.

2. Rudi Klausnitzer: Das Ende des Zufalls. Wie Big Data uns und unser Leben vorhersagbar macht. Ecowin Verlag, Salzburg 2013, S. 111.

3. Viktor Mayer-Schönberger, Kenneth Cukier: Big Data. Die Revolution, die unser Leben verändern wird. Redline Verlag, München 2013, S. 23.

4. future.arte.tv: Die Abgründe der Finanzwelt. 30.11.2015 (http://future.arte.tv/de/finanzwelt#article-anchor-17351).

5. https://www.youtube.com/watch?v=86g4_w4j3jU

6. future.arte.tv: Die Abgründe der Finanzwelt. 30.11.2015 (http://future.arte.tv/de/finanzwelt#article-anchor-17351).

Kapitel 10

1. Steven Johnson: The Ghost Map: The Story of London's Most Terrifying Epidemic – and how it changed Science, Cities and the Modern World. Riverhead Books, New York 2006, S. 195.

2. Rudi Klausnitzer: Das Ende des Zufalls. Wie Big Data uns und unser Leben vorhersagbar macht. Ecowin Verlag, Salzburg 2013, S. 14.

3. Stephanie J. Snow: Death by Water: John Snow and Cholera in the 19th Century (Internet Archive: https://web.archive.org/web/20150404011456/http://www.evolve360.co.uk/Data/10/Docs/11/11Snow.pdf).

4. MLS Gesundheitsstudie 2012: Ein Blick in das Virtuelle Wartezimmer. 13.11.2012 (https://download.skopos.de/news/skopos_gesundheit-2012-praesentation.pdf).

5. Google Flu Trend (https://www.google.org/flutrends/intl/de/).

6. Fraunhofer SIT Studie 2015: Chancen durch Big Data und die Frage des Privatsphärenschutzes (https://www.sit.fraunhofer.de/bigdatastudie/).

7. http://googleresearch.blogspot.de/2015/08/the-next-chapter-for-flu-trends.html

   In einer Mitteilung aus dem Sommer 2015 verkündete Google, dass man sich zukünftig darauf konzentriere, Einrichtungen, die auf Datenerhebungen zu Infektionskrankheiten spezialisiert sind, mit seinen Informationen zu unterstützen. Dazu zählen unter anderem die Columbia University's Mailman School of Public Health oder das Boston Children's Hospital.

8. Ärzte Zeitung online: Gesundheitswirtschaft trägt elf Prozent zum BIP bei. 07.07.2014 (http://www.aerztezeitung.de/politik_gesellschaft/gesundheitswirtschaft/article/864753/boom-gesundheitswirtschaft-traegt-elf-prozent-bip.html).

9. statista.de: Länder mit dem höchsten Durchschnittsalter der Welt (http://de.statista.com/statistik/daten/studie/242823/umfrage/laender-mit-dem-hoechsten-durchschnittsalter-der-bevoelkerung/).

10. http://www.medgate.ch/de-ch/telemedicinecenter.aspx

11. Florentine Fritzen: Zum Arzt, ohne zum Arzt zu gehen. 22.06.2014 (http://www.faz.net/aktuell/gesellschaft/gesundheit/telemedizin-wird-in-deutschland-zum-alltag-12990869.html).

12. (Muster-) Berufsordnung für die in Deutschland tätigen Ärztinnen und Ärzte (http://www.bundesaerztekammer.de/fileadmin/user_upload/downloads/pdf-Ordner/MBO/MBO_02.07.2015.pdf).

13. Florentine Fritzen: Zum Arzt, ohne zum Arzt zu gehen. 22.06.2014 (http://www.faz.net/aktuell/gesellschaft/gesundheit/telemedizin-wird-in-deutschland-zum-alltag-12990869.html).

14. Gesundheitsregion Fontane. Chronische Herzinsuffizienz (http://www.gesundheitsregion-fontane.de/index.php?id=62).

15. Die Philips Gesundheitsstudie 2015. Wie Vertrauen zum Treiber einer neuen Gesundheitskultur wird. S. 11 (http://www.zukunftsinstitut.de/documents/downloads/Zukunftsinstitut%20Philips%20Gesundheitsstudie%202015.pdf).

16. Ebd. S. 13.

17. http://www.diagnosia.com/de/ueber-uns

18. Felix Disselhoff: Health im Detail: Das taugt Apples Gesundheitszentrale. 23.01.2015 (https://curved.de/news/health-im-detail-das-taugt-apples-gesundheitszentrale-204816).

19. welt.de: Das Smartphone als Helfer für Manisch-Depressive. 16.04.2015 (http://www.welt.de/regionales/sachsen/article139616643/Das-Smartphone-als-Helfer-fuer-Manisch-Depressive.html).

20. Tobias Butz: Krankenversicherung 2.0. 11.05.2015 (http://www.social-telegraph.de/krankenversicherung-2-0-kein-halt-fuer-die-digitale-revolution/).

Kapitel 11

1. Michael Lewis: Moneyball: The Art of Winning an Unfair Game. W.W. Norton & Company, New York 2003.

2. Moneyball Movie Quotes: A Home Run! (http://www .moviequotesandmore.com/moneyball-movie-quotes.html).

3. Stefan Petri: Moneyball – Die Kunst zu gewinnen? Wie die Oakland Athletics die Sportwelt revolutionierten. 15.08.2015 (http://www .spox.com/de/sport/ussport/mlb/1408/Artikel/moneyball-brad-pitt-oakland-athletics-billy-beane-bill-james-baseball-statistiken,seite=3. html).

4. Michael Lewis: Moneyball: The Art of Winning an Unfair Game. W.W. Norton & Company, New York 2003, S. 3.

5. Christoph Biermann: Moneyball im Niemandsland. 24.06.2015 (http://www.11freunde.de/artikel/midtjyllands-fussball-revolution).

6. Ebd.

7. Rasmus Ankersen: Gold Mine Effect. Icon Books, London 2013.

8. Christoph Biermann: Der beste Profiwetter der Welt. 27.04.2013 (http://www.11freunde.de/interview/wie-setzt-man-die-perfekte-fussballwette-matthew-benham).

9. Ebd.

10. Der Begriff Key Performance Indicator ist im Übrigen der Marketingbranche entlehnt. Dort sind KPIs Schlüsselkennzahlen, welche die unternehmerische Leistung reflektieren und anhand derer Ziele gesetzt werden können.

Kapitel 12

1. NEU.DE Studie 08/2014: Partnersuche to go. Der Siegeszug des Mobile-Datings, S. 3. (http://presse.neu.de/wp-content/uploads/NEU .DE_Mobile-Dating-Studie-2014.pdf).

2. Markus Brauck, Alexander Jung, Ann-Kathrin Nezik, Thomas Schulz: Von A bis Z. Der Spiegel 34/2015, S. 8.

3. Pamela Moucha, Dirk Pflitsch, Henning Wiechers: Der Online-Dating Markt 2013–2014. S. 2 (http://www.singleboersen-vergleich.de/presse/online-dating-markt-2013-2014.pdf).

4. Hilary Hurd Anyaso: Does Online Dating Really Work? 06.02.2012 (http://www.northwestern.edu/newscenter/stories/2012/02/online-dating-finkel.html).

5. Cathrin Wissmann: Der Opa, der die Liebe bringt. 11.07.2014 (http://www.stern.de/familie/beziehung/single-boerse-parship-der-opa-der-die-liebe-bringt-3948572.html).

6. zeit.de: Algorithmus des Online-Dating: Ausgerechnet die Liebe. 01.03.2015 (http://www.zeit.de/2015/07/algorithmus-online-dating-liebesformel-hugo-schmale?commentstart=9#comments).

7. Cathrin Wissmann: Der Opa, der die Liebe bringt. 11.07.2014 (http://www.stern.de/familie/beziehung/single-boerse-parship-der-opa-der-die-liebe-bringt-3948572.html).

8. *Dieses Modell besteht aus den fünf kulturübergreifenden Persönlichkeitsdimensionen Neurotizismus, Offenheit, Gewissenhaftigkeit, Extraversion und Verträglichkeit. Im Englischen bilden ihre Anfangsbuchstaben das Akronym OCEAN, weswegen man auch vom OCEAN-Modell spricht.*

9. Matching: So findet eDarling den richtigen Partner für Sie (http://www.edarling.de/ratgeber/edarling-erfolgsplan/matching).

10. Timo Brücken: Mathefreak überlistet Datingportal und findet große Liebe. 23.01.2014 (http://www.stern.de/digital/online/algorithmus-gehackt-mathefreak-ueberlistet-datingportal-und-findet-grosse-liebe-3136234.html).

11. http://www.okcupid.com/help/match-percentages

12. Katharina Schüller: Partnersuche per Big Data: Wo Algorithmen die Liebe hinwerfen. 27.08.2014 (https://bigdatablog.de/2014/08/27/partnersuche-per-big-data-wo-algorithmen-die-liebe-hinwerfen/).

13. Eli J. Finkel, Paul W. Eastwick, Benjamin R. Karney u.a.: Online Dating. A Critical Analysis From the Perspective of Psychological Science. Northwestern University Illinois. Januar 2012 (http://psi.sagepub.com/content/13/1/3.full?ijkey=cK9EB6/4zQoAM&keytype=ref&siteid=sppsi).

14. Ebd.

15. focus.online: Dating-Apps im Vergleich. Liebe auf den ersten Klick (http://www.focus.de/digital/handy/tinder-lovoo-co-fuenf-dating-apps-im-ueberblick_id_4615991.html).

16. zeit.de: Algorithmus des Online-Dating: Ausgerechnet die Liebe. 01.03.2015 (http://www.zeit.de/2015/07/algorithmus-online-dating-liebesformel-hugo-schmale?commentstart=9#comments).

17. statista.com: Umfrage zur Veränderung des Dating-Verhaltens durch Mobile-Dating (http://de.statista.com/statistik/daten/studie/382680/umfrage/umfrage-zur-veraenderung-des-dating-verhaltens-durch-mobile-dating/).

18. Data, A Love Story: How I Cracked the Online Dating Code to Meet My Match. Plume Verlag, New York 2013.

Kapitel 13

1. Joana Breidenbach: Drei Menschen bringen Ägypten Hoffnung (http://www.huffingtonpost.de/joana-breidenbach/menschen-aegypten-hoffnung_b_6865676.html).

2. Kurt Möser: Transport und Bewegungslust. Die Funktion der Straßenmobilität heute. In: Caroline Y. Robertson-von Trotha (Hrsg.): Mobilität in der globalisierten Welt. Aus: ZAK: Problemkreise der angewandten Kulturwissenschaft. Universitätsverlag Karlsruhe, Karlsruhe 2005, S. 32.

3. Yuval Noah Harari: Eine kurze Geschichte der Menschheit. 4. Auflage, Pantheon-Verlag, München 2015, S. 112.

4. *Imitatio Christi bezeichnet die Nachahmung von Jesus Christus' Lebensweise. Von dieser möchte man sich leiten lassen und seinem Vorbild folgen. Trotzdem darf diese Bewegung keineswegs als christliche verstanden werden. Sie vertritt jedoch christliche Grundgedanken der Gemeinschaftlichkeit, Einfachheit und vor allem des Teilens, weswegen wir uns an dieser Stelle dieses Begriffs betätigen.*

5. www.uber.com

6. https://www.airbnb.de/about/about-us

7. destatis.de: Einkommen, Konsum, Lebensbedingungen (https://
   www.destatis.de/DE/ZahlenFakten/Indikatoren/LangeReihen/
   LebensunterhaltKonsum/lrlebo3.html).

8. Tauschen statt Kaufen. Wie verändert Technologie den Konsum?
   (http://future.arte.tv/de/tauschen-statt-kaufen-wie-verandert-
   technologie-den-konsum).

9. Rachel Botsman: What's Mine is Yours: The Rise of Collaborative
   Consumption. Collins Verlag, New York 2011.

10. „Es haben einfach zu wenige Leute Interesse gehabt, richtig
    mitzumachen." Interview mit WHY-own-it-Gründer Philipp
    Gloeckler (http://www.gruenderszene.de/allgemein/why-own-it-aus).

Kapitel 14

1. Dave Eggers: Der Circle. Kiepenheuer & Witsch, Köln 2014.

2. PKS Bundeskriminalamt, 2014.

3. Sophie Schimansky: Kinder schaffen den Schulweg alleine.
   22.09.2012 (http://www.zeit.de/auto/2012-09/verkehrserziehung-
   schulweg).

4. Marlies Uken: Das getrackte Kind. 23.07.2014 (http://www.zeit.de/
   wirtschaft/unternehmen/2014-07/gps-tracker-kinder-kinderortung).

5. http://www.wo-ist-lilly.de/de/GPS-Sender-fuer-Kinder

6. *Als technologische Singularität bezeichnet man den Zeitpunkt, ab dem
   sich eine Maschine selbst verbessern kann und dadurch eine regelrechte
   Intelligenzexplosion auslöst, die nur noch aus dem binären Zeichensystem
   von Computern bestehen wird. Ganz ohne menschliche Hilfe.*

7. Cyborg 1.0: Interview mit Kevin Warwick. Wired Magazine 8.02.
   Februar 2000.

8. Künstliche Intelligenz. Was uns schon bald erwartet. Warum die
   Experten warnen. P.M. Magazin 05.2015.

9. *Gerne sprechen wir dann davon, dass wir ja nur von zehn Prozent unserer
   Gehirnkapazität Gebrauch machen und die restlichen 90 ungenutzt in der
   Schädelhöhle umhertreiben. Tatsächlich handelt es sich hierbei um einen*

weit verbreiteten Mythos, dessen Ursprung ganz gerne Wissenschaftlern wie Albert Einstein fälschlicherweise in die Schuhe geschoben wird. Uns begegnet hier eine klassische Fehlinterpretation, die wissenschaftlich widerlegt werden konnte. Denken wir nur mal einen Moment länger über diese Fehlaussage nach, wird uns schnell klar, dass es relativ naiv ist, anzunehmen, wir würden durchgehend nur ein Zehntel unserer Gehirnzellen nutzen. Alle Zellen, sofern sie gesund sind, spielen ihre Rolle. Fakt ist jedoch, dass wir von vielen noch nicht wissen, welche Rolle das sein soll.

10. Tina Kaiser: Millionen, damit Computer uns nicht töten. 02.07.2015 (http://www.welt.de/wirtschaft/article143469940/Millionen-damit-Computer-uns-nicht-toeten.html).

Kapitel 15

1. Fraunhofer IAIS: Big Data – Vorsprung durch Wissen. Innovationspotenzialanalyse (https://www.iais.fraunhofer.de/ fileadmin/user_upload/Abteilungen/KD/uploads_BDA/ Innovationspotenzialanalyse_Big-Data_FraunhoferIAIS_2012.pdf).

2. Business Performance Index BPI. Management Summary – BPI Fertigung Mittelstand 2014 (http://www.business-performance-index.de/fileadmin/user_upload/berichte/BPI_Fertigung_2014-Management_Summary.pdf).

3. Rede von Bundeskanzlerin Merkel anlässlich des 8. Nationalen IT-Gipfels in Hamburg am 21. Oktober 2014 (https://www .bundeskanzlerin.de/Content/DE/Rede/2014/10/2014-10-20-merkel-it-gipfel.html).

Kapitel 16

1. Hans Magnus Enzensberger: Unsere kleinbürgerliche Hölle. 25.11.1960 (http://www.zeit.de/1960/48/unsere-kleinbuergerliche-hoelle).

2. Handelsverband Deutschland: Infoblatt Handel 4.0 (http://www .einzelhandel.de/images/E-Commerce/Publikationen/Handel_4.0/ Handel_4.0_Ausgabe_1.pdf).

3. Studie Handelsverband Deutschland/GfK: Handel digital. Online-Monitor 2015.

4. Handelsverband Deutschland: Infoblatt Handel 4.0 (http://www.einzelhandel.de/images/E-Commerce/Publikationen/Handel_4.0/Handel_4.0_Ausgabe_1.pdf).